마을 품은 약국

우리네약국 35년 이야기

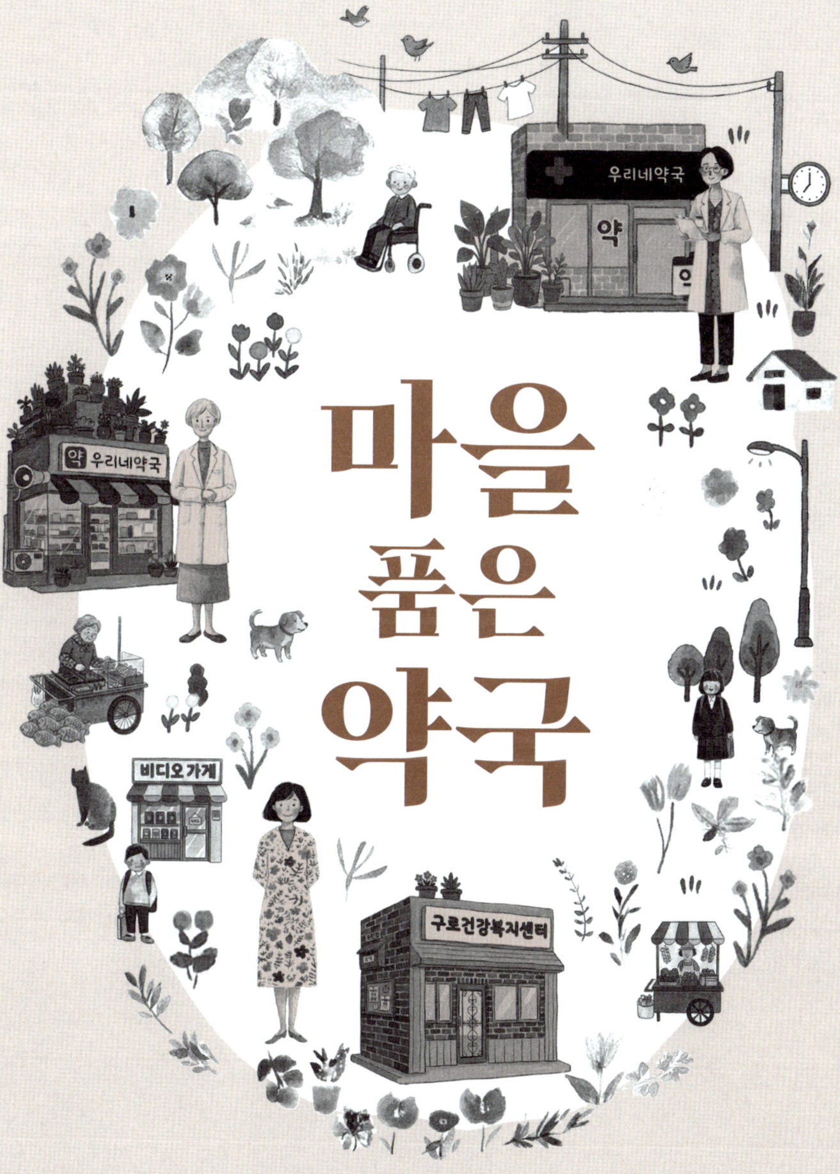

마을 품은 약국

우리네약국 35년 이야기

강기옥 * 김진숙 * 김현옥
박혜경 * 이소희 * 정애랑 지음

건강미디어협동조합

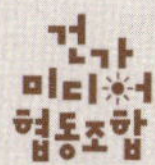

우리네약국
구로건강복지센터 기획

지은이 소개

◇ **강기옥** 제주대학교병원 근무. 학생 실무실습 교육과 임상시험약국 관리에 진심인 병원 약사. 자급자족하는 노후의 삶을 꿈꾸며 오늘도 최선을 다합니다.

◇ **김진숙** 질병관리청 근무. 남북어린이가 함께 건강한 세상을 꿈꾸었고 그 소망을 현재도 품고서, '좋은 돌봄'을 위해 애쓰니다.

◇ **김현옥** 늘픔가치 마을약사. '작은숲 텃밭정원(퍼머컬처 키친가든)'을 돌보며 자연과 공생하는 삶의 방식을 탐구합니다.

◇ **박혜경** 우리네약국 근무. 구로건강복지센터 이사장. 1992년 우리네약국이 있는 구로에 와서 '함께 만드는 건강한 세상'을 꿈꾸는 사람들을 많이 만나 행복합니다.

◇ **이소희** 우리네약국 대표 약사. 구로구 항동 토박이로, 작은 친절이 머무는 약국을 이어갑니다.

◇ **정애랑** 우리네약국 근무. 우리네약국과의 인연을 큰 행운이라고 생각하며 책 읽는 시간을 좋아합니다.

◇ **우리네약국** 1991년 5월 구로동에 자리 잡고, 지금까지 주민들 스스로 자기 건강의 주인이 되도록 다양한 지역활동을 진행합니다. 좀 더 즐겁고 다양한 지역활동 진행을 위해 2000년 2월 구로건강복지센터를 설립했습니다.

◇ **구로건강복지센터** 2000년 2월 창립하여 주민 건강과 복지 증진을 위한 여러 사업을 추진 중입니다. 요보호아동과 독거노인 건강, 장애인 구강건강, 청소년 심리 상담, 재가복지 등 센터 활동들은 늘 우리 사회가 풀어야 할 숙제입니다.

"여러분의 참여로 이 책이 태어납니다.
씨앗과 햇살이 되어주신 분들, 참 고맙습니다."

강기옥 강아라 고민조 김갑수 김강민 김기태 김나연 김도람 김명미
김미희 김봉구 김선영 김영숙 김은미 김정은 김진숙 김태희 김해숙
김현숙 김현옥 김형선 김희정 남정아 문순난 박봉희 박상원 박순덕
박영남 박영란 박이경 박혜경 백재중 봉달이 손채윤 손호익 송미옥
신동호 신순경 신희준 안선혜 안인숙 양성혜 양진선 양진원 엄태현
윤혜정 이기성 이남경 이모세 이미경 이미라 이상현 이소희 이연임
이장순 이재영 이정옥 이정현 이효정 이희영 임종길 임종대 장인홍
장지선 전경림 전경배 전광희 정미숙 정수연 정애랑 정유진 정정선
조원경 최규진 최선화 최순영 최은희 최진혜 하성호 한송희 홍경만
홍경희 홍문희 홍석찬 홍석희 홍선화 홍수연 홍영훈 홍이내 황지원
구로은강 늘품약국   (92)

35년이라니… 후배 님들이 걸었던 그 길,
마음으로나마 함께하게 돼 정말 고맙습니다

하 성 호 _의사, 건강의집 대표

잊고 지낸 줄 알았던, 그러나 늘 마음 한편에 자리하는 기억

우리네약국의 35년 기록을 담은 원고를 읽으며 기억 저편에 묻어두었던 80년대 학창 시절을 떠올렸습니다. 1987년 복학 후, 후배 백재중(현 록향의료재단 이사장)의 제안으로 의대생, 약대생, 간호대생들이 모여 구로은강교회에서 주말 진료를 시작하던 '건강의집' 시절이 생각납니다. 당시 학생으로서 느꼈던 한계도 많았지만, 사회에 작은 보탬이라도 되고 싶었던 우리의 순수한 열망이 열악했던 구로 지역에서 진료소를 시작하게 한 동력이 아니었나 싶습니다.

그 작은 움직임이 씨앗 되어 1991년 60여 명의 후원자와 더불어 '우리네약국'이라는 결실을 맺던 그때조차도, 이렇게 끈질긴 생명력으로 풍성한 성과를 낼 줄은 상상도 못했습니다. 35년이라는 긴 여정을 생생하게 전하는 원고를 읽으며, 저는 한없는 고마움과 존경심을 마음에 품습니다. 이 책을 읽으실 많은 분도 저와 같이 감동을 선물 받으시기 바랍니다.

우리네약국을 지탱해 온 이름들, 김진숙과 박혜경, 그리고 후배들. 우리네약국처럼 수익을 지역에 환원하는 독특한 경영 형태가 이토록 오래 유지 가능했던 비결은 무엇일까요? 저는 그 답이 결국 '사람'이라고 봅니다. 초창기 어려운 여건 속에서도 기틀을 단단히 잡았던 김진숙 약사와 그 뜻을 기꺼이 이어받아 사업을 지속해 온 후배 약사들이 계셨기에 가능한 일이었습니다.

특히 박혜경 약사님을 생각하면 선배로서 참 든든하고 고맙습니다. 단 한 번도 구로 지역을 떠나지 않고 35년 세월을 온전히 주민들과 호흡하며 자리를 지켜 온 그 뚝심이 아니었다면, 지금의 우리네약국은 존재하지 못할 것입니다. 지역사회에 깊이 뿌리 내린 박혜경 약사의 헌신과 그 길을 외롭지 않게 함께해 준 여러 후배 약사님들의 적극적인 동참은 이 책이 전하는 가장 값진 유산입니다.

약국의 수익을 지역에 환원하며 운영하는 헌신적인 시간이 쌓여, 2000년에는 '구로건강복지센터'라는 더 넓은 품으로 확장되었습니다. 센터를 통해 진행된 사업들의 면면은 참으로 소중합니다. 공공기관조차 주저했던 장애인 구강건강 사업을 자발적으로 일구는 모습과 김길준 원장님이 환자를 업고 3층 진료실까지 오르내렸다는 대목에서는 표현하기 어려운 감동이 솟구칩니다.

마침내 이 사업이 보건소의 공적 사업으로 이전되고, 20년 동안 이어온 청소년 상담사업이 여성가족부 최우수 기관으로 선정되는 성과를 보면서는 큰 자부심을 느꼈습니다. 민간 차원의 작은 시도가 지역사회의 변화를 공적 차원으로 견인해 낸 이 과정은 후배들이 진정성과 뚝심으로 일구어 낸 위대한 성과입니다.

이제 돌봄이 흐르는 지역사회를 꿈꾸며

최근 구로건강복지센터는 고령사회에 보건과 복지를 결합하는 통합돌봄의 길을 새로이 열었다고 들었습니다. 2021년 부설기관으로 문 연 '구로우리네재가복지센터'가 그 고민의 산물일 것입니다. 방문요양과 돌봄의 사각지대를 메우려는 이러한 시도는, 35년 전 우리가 약국을 세우며 꿈꿨던 '건강한 지역공동체'의 정신과 맞닿습니다.

그간 제 삶의 터전에 매몰되어 후배들의 곁을 온전히 지키지 못했다는 미안함을 늘 가졌습니다. 원고를 읽으며 초창기 가졌던 의료기관 설립에 대한 꿈을 다시 떠올려봅니다. 의료기관이 함께한다면 지금의 돌봄사업도 훨씬 탄력을 받을 텐데 말입니다. 이번 기록을 통해 저 또한 큰 과제를 다시 떠안으며, 보다 현실적인 대안을 함께 찾아보리라 마음을 다집니다.

맺으며

35년의 세월을 엮어낸 이 책은 우리네약국 약사들과 구로건강복지센터 활동가들의 열정과 신뢰가 담긴 소중한 기록입니다. "함께였기에 거침없이 나아갈 수 있었다"는 고백처럼, 앞으로도 우리네약국과 구로건강복지센터가 구로동에 돌봄의 온기를 전하는 따뜻한 겨자씨로 오래 존속하길 소망합니다.

부족한 선배에게 추천사를 부탁하며 지난 시간을 돌아보게 해준 후배님들께 깊은 고마움을 전합니다. 우리네약국의 서른다섯 살 생일을 진심으로 축하합니다!

35년을 함께한 모든 분의 열정과 수고에
가슴 깊이 감사드리고
계속 이어질 활동을 기대하고 응원합니다

왕 인 순 _(사)서울여성노동자회 이사, (사)구로건강복지센터 감사

《마을 품은 약국》 발간을 축하하며, 기쁨과 고마운 마음을 전합니다. 우리 동네 건강지킴이, 우리네약국과의 첫 만남은 1994년 말입니다. 서울여성노동자회 사무실이 구로본동에 자리하던 시절, 구로3동에서 남다르게 활동하는 우리네약국이 사무실 앞 골목길에 2호점을 내서 매우 반가웠습니다.

사무실 1층에는 튼튼이어린이집이 있어서, 아이 손 잡고 출퇴근길에 약국에 들르곤 했습니다. 좁은 공간에서 약사님들이 활기차고 분주하게 일하던 모습, 초롱초롱한 눈빛, 친절한 상담과 따뜻한 미소를 잊지 못합니다, 우리와 아이들의 건강 상태를 세심히 살피고 상담해 준 약국은 든든한 자원이었습니다. 튼튼이 어린이를 위한 구충제 제공과 건강상담 등 여러 가지 추억이 떠오릅니다.

1997년 말 외환위기와 대량실업 상황에서 '여성노동자회 여성실업대책본부'는 보건의료단체와 함께 2000년까지 실직 여성 가장과 미성년 자녀의 의료비 감면 지원사업을 추진하였는데, 우리네약국이 함께 힘을 보탠 것도 기억납니다.

구로건강복지센터는 우리 마을 건강복지의 개척자입니다. 우리네약국에서 수행하던 지역활동을 2000년 구로건강복지센터로 특화했을 당시에는 사회복지에 대한 정부의 관점도, 정책도, 사업도 너무나 협소했습니다. 따라서 '건강한 복지공동체를 실현'하겠다는 주체들의 지향점을 담아낸 센터가 무척 반가웠습니다.

센터는 26년 동안 우리 마을 건강복지의 이끔이 역할을 맡았습니다. 어느 것 하나 쉽게 이루어지지 않았습니다. 지역 현장에서 만나고, 보고, 들었던 절박한 상황의 변화를 위해 센터는 끊임없이 고민하고 도전하고 실천했습니다.

자체 예산으로 운영하던 가족지원 상담실은 10년 후에 정부 지원의 구로구청소년상담복지센터로 확장됐고, 보건의료인과

봉사자의 헌신으로 진행하던 장애인 치과진료 사업은 10년 만에 공공기관이 맡게 되었습니다. 공적 영역에서 담당하지 못하던 지역주민의 심신 건강을 위해 다양하고 실용적인 교육을 펼쳤습니다.

돌봄이 필요한 어린이, 장애인, 산업현장 노동자, 위기 청소년과 학교 밖 청소년, 홀몸 어르신과 함께 구로 지역에서 관심과 공감, 연결의 역사를 만들었습니다. 그리고 현재도 지역사회 통합돌봄 실현을 위해 열심히 활동합니다.

《마을 품은 약국》은 한 단체의 활동 기록을 뛰어넘어 구로 지역 건강복지의 흐름을 보여주는 역사적 기록물입니다. 지역에서 비영리 공익단체와 많은 봉사자의 활동이 어떻게 공적 영역으로 확장되었는지, 복지사회 실현을 위해 지역주민과 전문인력, 민간과 공공의 협력이 얼마나 중요한지 드러냅니다.

35년을 정리한 이 책에는 1980-90년대 학생운동, 사회운동에 참여한 젊은이들이 희망세상을 만들기 위해 지역에서 열정적으로 활동하던 모습, 지역단체들이 함께 개척해 나간 활동들이 담겼습니다.

청소년과 지역주민, 돌봄 전문가와 보건의료인이 봉사자로, 후원자로, 지역문제 해결을 위한 주체로 성장한 기록은 무척 감동입니다.

35년을 함께해 온 모든 분의 열정과 수고에 마음 깊이 감사드리며 앞으로도 계속 이어질 활동을 기대하고 응원합니다. 앞으로도 건강 복지의 지평을 더욱 넓혀 갈 구로건강복지센터를 물심양면으로 응원하고 격려해 주시기를, 이 책을 읽는 분들께 소망합니다.

모두의 건강하고 안전하고 평화로운 삶을 중심으로 기원합니다.

차례

1장 구로동 아리랑, 우리네약국

2장 약국과 함께한 사람들,

그리고 많은 이야기

소중한 가치가
다음 세대에도 이어지는 꿈을 꿉니다

박 혜 경 _(사)구로건강복지센터 이사장, 우리네약국 약사

1990년, 약대를 졸업하고 건강사회를위한약사회 1990졸업동기회에서 김진숙 약사를 만났습니다. 우리네약국이라는 공동체 약국을 만들어 노동자의 건강권을 위한 활동을 하던 동기였습니다. 너무나 멋지다고 흠모해 오던 이 벗이 어느 날 함께 일하자고 제안하던 순간의 설렘이 지금도 생생합니다. 1992년 가을, 구로에 기쁜 마음으로 출근했습니다.

강기옥 약사가 합류하고서 우리는 제2의 약국을 구상하게 되었습니다. 1994년 본동 우리네약국을 개업하고 정애랑 약사와 함께 운영하였습니다. 어느 날 김현옥 약사도 스스로 약국을 찾아왔습니다. 이제 두 개의 약국, 5명의 약사가 된 것입니다. 건강교육 사업, 지역복지 사업, 보건정책 사업 등 다양한 활동이 본격 기획되고 실행 가능해졌습니다. 이때부터의 열정과 협동의 날들이 오늘까지 좋은 기억으로 우리를 묶어 줍니다.

2000년엔 이소희 약사가 함께 활동하고 싶다며 약국을 찾아왔습니다. 이때부터 저보다 딱 10년 어린 약사와 26년을 함께 보내게 되었습니다. 이 젊은 약사는 26년 동안 우리네약국을 함께 운영하며 센터를 재정적으로 든든하게 지켜주는 버팀목이 되어주었습니다. 어느덧 후배 약사 머리의 새치를 볼 때면 고마움과 미안함이 함께 일렁입니다.

1991년 우리네약국, 2000년 구로건강복지센터를 창립한 후 각각 35년과 26년이 되었습니다. 약국 설립 자금을 모으는 일에 불 같은 추진력을 보여주신 황인태 원장님, 인턴이나 초임 약사로 형편이 빡빡한 시절인데도 한두 달치 월급을 기꺼이 내놓은 선후배님들이 먼저 떠오릅니다.

센터 초창기에, 보건의료 단체들이 요보호아동 건강검진사업, 장애인 주말치과진료 시범사업 등 다양한 지역 보건의료 사업을 함께 기획하고 지원해 주었습니다. 인도주의실천의사협의회(인의협) 김유호, 김현숙, 건강사회를위한치과의사회(건치) 정달현, 이선영, 참의료실현청년한의사회(청한) 권태식, 건강사회를위한 약사회(건약) 신권희 선생님께 감사드립니다.

이 연대를 통해 구로 지역의 아동청소년 기관, 장애인 복지기관이 모두 협력하며 건강에 대한 다양한 사업과 정책이 실행 가능하였습니다.

시범사업 이후 10년 동안 구로주말장애인치과진료소가 운영되도록 함께 해주신 건치, 구로구 치과의사회, 치위생사 선생님, 치위생학과 자원봉사 동아리 학생들, 사회공헌 활동에 참여해 주신 한화무역에 감사 드립니다.

김창균 초대 대표, 김길준 대표, 김정우, 조동성, 강상훈, 양근영, 박지영, 윤하진, 최아영, 김현주, 한화무역 장순랑 운영위원님, 진료소 초창기부터 진료에 참여해 주신 김남규 선생님과 구로 오류반회 치과 선생님께 감사드립니다.

브니엘의집, 에덴장애인복지관, 볕바라기주간보호센터, 엠마오의집의 적극적인 참여로 진료소의 예방사업과 진료사업이 활발하게 운영되었습니다. 그리고 구로구치과의사회의 재정지원과 진료봉사 참여, 구로구청과의 소통으로 보건소에 장애인치과진료소가 빨리 설치되었습니다.

구로구 약사회에 감사드립니다. 재정 후원으로 항상 함께해 주셨습니다. 위탁기관인 구로구청소년상담복지센터 학교 밖 청소년들의 교통비를 여러 해 후원해 주셨습니다. 학업중단 청소년들이 집에만 머무르지 않고 적극적으로 꿈을 찾도록 희망의 발걸음을 제공해 주셨습니다.

센터는 우리네약국이 시작하였지만 여러 사무국장님과 주민들이 함께 키워냈습니다. 센터의 모든 사무국장과 위탁기관, 부설기관 센터장님께 감사드립니다. 김미영, 서윤미, 이해령, 황근애 사무국장, 심수현 전 구로구청소년상담복지센터장, 이은실 구로우리네재가복지센터장의 인터뷰를 통해 구로건강복지센터 26년 역사를 생생하게 그려 보기가 가능했습니다.

시간이 부족하여 미처 못 만났지만 구로건강복지센터를 위해 헌신한 곽은정, 임선영, 한효정, 박지선, 서해순, 고유한, 윤인화 사무국장님과 오랜 시간 센터의 실무자로 함께 한 홍마리, 차인숙 님, 고맙습니다.

이사로 참여하며 도움 주시는 하성호, 정원오, 고병수, 김명호, 김성원, 김송희, 백재중, 서강원, 윤동훈, 이동준, 이준구, 정은일, 한지희 님들께 감사 인사드립니다.

우리 센터에는 청소년 자원봉사 조직이 20년 넘게 활동 중입니다. 독거 어르신들을 찾아 손주처럼 함께하던 청소년들이 이제는 청년이 되어 우리 든든한 후원자가 되고 이사가 되었습니다.

마음사랑, 나눔수라간, 우리네사랑방 봉사자를 비롯해 오랜 시간 한결같은 후원과 활동으로 함께해 주시는 모든 님들께도 감사드립니다.

근무 약사가 모두 주인인 우리네약국은 참 매력적인 곳입니다. 책임을 나누어 부담했기에 30년 이상의 약국 근무가 힘들지 않았나 봅니다. 구로건강복지센터는 우리네약국의 또 다른 꿈이었습니다. 우리네약국이 26년 동안 센터 후원을 지속해 왔다는 사실에 자부심을 느낍니다.

우리네약국, 구로건강복지센터가 이후로도 좋은 모습으로 지역에서 지속되기를 기대합니다.

우리네약국 여섯 약사를 대표하여 깊은 감사 인사드립니다.

현재가 과거의 미래였듯이
미래는 현재와 연결되면서
조금씩 앞으로

약국이 한 곳에서 35년 동안 약사 여섯 명의 손길을 거치며 지금까지 계속 개업유지 중이라면 그 약국에는 어떤 이야기가 담겼을까?

35년 된 약국이라고 뭐가 특별할까, 그렇지만 구로동 '우리네약국'(이하 약국)은 일반 약국들과는 시작부터 조금 다르다.

우리네약국은 약사 개인 자금이 아니라 60여 명의 후원금으로 1991년에 문을 열었다. 후원금으로 세운 약국이다 보니 약사들이 약국은 경영하지만 매달 일정 급여만 받는다. 약사들 급여와 약국 운영비를 제외한 약국 수익금은 지역주민의 건강과 복지를 개선하는 여러 사업을 하는 데 사용한다. 그래서 약국은 아직도 월세로 운영된다.

35년 전에 문을 연, 조금은 특별한 우리네약국 이야기를 한번 정리해 보면 좋겠다는 논의는 2024년 여름 우리네약국 전현직 약사 여섯 명이 모이면서부터 시작되었다. 우리 여섯 약사 중 세 명은 현재 우리네약국에서 근무 중이며 나머지 세 명은 이런저런 사정으로 약국을 떠난 상태였다.

아이들이 이젠 모두 밀착해 돌보지 않아도 될 만큼 컸기에 우린 자연스레 동료들과의 만남을 자주 갖게 되었다.

우린 결혼하고 아이를 낳아 키우는 걸 오랜 시간 서로 지켜본 사이다. 약국 근무가 끝나고도 밤늦게까지 회의하며 뭔가를 더 해 보려고 같이 애쓴 동료이기도 했다. 당연히 우리는 직장 동료 이상의 *끈끈한* 그 무엇을 공유해 온 셈이다.

정리를 위해 당시 우리가 했던 일들을 되짚어 보았다. 35년 가까이 지난, 오래 전 이야기를 하려니 처음엔 기억이 안 나고 당시 느낌도 떠오르지 않았다. 몇 차례 만남으로 예열이 된 후에야 본격 시동이 걸렸다. 1년여에 걸쳐 네다섯 차례 만나 얘기를 나누며 모두의 기억을 맞춰 가는 한편 자료도 찾으며 정리하였다.

하지만 자료를 중심으로 정리한 결과물은 매우 건조하였다.

그 많은 시간을 채워 온 우리들의 열정과 노력, 어려움을 함께

우리네약국
35주년 기념 출판을 결의한
우리네약국 약사 6인방.
왼쪽 앞줄부터 시계 방향으로
정애랑, 김진숙, 강기옥,
박혜경, 김현옥, 이소희

겪으면서 이루어낸 값진 성과와 서로에 대한 신뢰, 그리고 사랑은 빛바랜 자료들 속에 박제되어 버린 듯했다.

우리들 기억과 자료에 생기를 불어넣어 당시의 현장감을 최대한 살려내고 싶었다. 하여, 함께 일했던 분들과의 인터뷰를 통해 잠든 우리 기억을 깨워 보기로 했다.

인터뷰들을 진행하면서 우리의 35년 세월은 과거가 아니라 현재 진행형임을 알았다. 그리고 이 35년은 앞으로의 시간을 상상하는 데 든든한 자산이라는 사실 또한 확인하였다. 이런 확인 과정이 바로 우리가 이 책을 쓰고자 하는 목적에도 부합됨을 알았다.

우리네약국의
현재 모습

　이 책의 1-2장에서는 건강의집과 우리네약국의 주요활동 중
심으로 정리하였고 당시 관련된 분들의 인터뷰 내용을 실었다.
다행히 약국 초기 회의록과 소식지, 사진, 신문기사 등이 상당히
존재해 우리 기억을 되살리는 데에 큰 도움을 주었다.

　기억의 빈틈은 인터뷰를 하면서 꼬리에 꼬리를 무는 질문들
로 자연스레 채워졌다. 인터뷰는 우리네약국 약사 여섯 명의 상
호 문답과 건강의집 식구들(백재중 내과 의사, 김성원 가정의학과 의사,
박순덕 변호사), 1990년대 약국과 함께 지역활동을 신나게 벌였던
'좋은이웃들' 조찬형 대표, '꾸러기어린이집' 박노희 선생님을 모
시고 진행했다.

3-4장에서는 구로건강복지센터(이하 센터)의 다양한 사업들을 소개하였다. 센터는 약국의 활동을 보다 체계적이고 전문적으로 이어받아 수행하고자 2000년에 약국이 종잣돈을 내어 만든 기관이다. 센터는 초기부터 지금까지 독거 어르신, 요보호아동 등 취약계층의 건강지원 사업을 진행하고, 장애인 치과진료소, 가족지원 상담실, 구로구청소년상담복지센터(위탁), 구로우리네재가복지센터 등을 운영하면서 다양한 지역활동을 쉼없이 추진했다.

이 모든 사업이 잘 굴러가기 위해서는 센터의 살림꾼인 사무국장과 센터장들의 역할이 정말 중요했다. 우리는 이분들과의 인터뷰에서 당시의 어려움과 보람을 마치 어제 일처럼 함께 나누었다. 이 책의 목적을 가장 잘 보여주는 대목을 꼽으라면 이분들과의 인터뷰일 것이다.

초대 사무국장 김미영(2000년 1월부터 2003년 1월까지), 서윤미(2003년 12월부터 2008년 12월까지), 이해령(2009년 2월부터 2013년 8월까지), 심수현(2004년 가족지원 상담실 실장, 2012년 7월부터 2023년 5월까지 구로구청소년상담복지센터 센터장)의 인터뷰는 20년 전 에피소드들을 우리 눈 앞에 재생시키듯이 기억을 소환해 냈다.

환자를 업는 치과의사 김길준 선생님과의 인터뷰도 인상적이었다. 구로구에 장애인 치과진료를 정착시키기 위해 그야말로 '몸을 불사르는 것'이 무엇이었는지를 20여 년 전의 '청년 김길준'은 다시 보여준다.

센터 초기인 2004년부터 지금까지 어르신 도시락 배달과 말벗 활동으로 꾸준히 자원봉사를 하는 우리Vol[01](이하 우리볼)도 인터뷰 대상이었다. 우리볼 소속 이동준(2005년부터 2008년까지 활동), 조윤정(2016년부터 2018년까지), 오미경(2024년부터 현재까지)이 인터뷰에 응했다.

어르신들이 경사진 눈길에 미끄러질까 봐 구로구청에 안전봉 설치를 요청했던 경험을 말하는 조윤정 님의 눈빛은 아직도 반짝거렸다. 세 명의 인터뷰는 다른 인터뷰에 비해 많은 분량을 차지한다. 단순 자원봉사자를 넘어 센터 활동의 엄연한 한 주체로 20년 넘게 자리매김한 우리볼의 건강하고 싱그러운 선물 같은 시간을 공유하고 싶어 가감 없이 전문을 다 실었다.

마지막 인터뷰 주인공은 현 황근애 센터 사무국장(2023년 11월부터 현재까지)과 구로우리네재가복지센터의 이은실 센터장(2020년 10월부터 현재까지)이었다. 앞선 인터뷰들이 지난날의 어려움도 반짝반짝 윤색시키는 시간이었다면 마지막 인터뷰는 현재 진행형으로 다양한 고민과 상상력을 나누는 기회가 되었다.

———

01. 청소년 자원봉사 동아리 모임으로 2004년 어르신 도시락 배달과 말벗 활동으로 시작, 현재까지 모임 지속

그간의 언론 보도와 인터뷰 기사들 가운데 우리와 함께했던 분들, 그리고 지금도 함께하는 분들과 공유 가능한 자료들도 모았다. 누구나 지난 사진을 다시 보면서 여러 감정을 품을 것이다. '이런 때가 있었나? 맞아 그땐 참 힘들었는데…, 그래도 이렇게 또 한바탕 고비를 넘겼지….'

시간은 계속 흐르기에, 우리는 과거에 극복되었던 고비를 실감하진 못한다. 현재가 과거의 미래였듯이 미래는 현재와 연결되면서 조금씩 앞으로 나아가며 발전할 것이다.

1년여에 걸친 우리의 자료정리와 인터뷰 등 모든 작업의 결과로 이 책을 내어놓는다. 아무쪼록 이 책이 우리네약국과 구로건강복지센터가 앞으로 나가는 데 작은 거름이 되길 소망한다.

1장

구로동 아리랑,
우리네약국

우리네약국의 출발은 건강의집

─────── 우리네약국의 시작은 1990년 8월 26일 건강의 집 총회에서 의결한 '약국설립 준비위원회(약국 준비위원회)' 구성으로 거슬러 올라간다.

건강의집은 1988년 4월부터 가리봉동의 작은 교회인 은강교회에서 주말 진료활동을 시작한 의대, 약대 학생 연합 동아리이다. 건강의집 초기에는 주말에 교회로 찾아오는 환자 위주로 진료활동을 했다. 점차 탁아소, 야학, 파업사업장 등 적극적으로 현장을 찾아가는 방문진료를 병행하였다. 1987년 노동자 대투

쟁 이후 1980년대 후반은 노조를 중심으로 노동자들의 노동권이나 건강권에 대한 요구가 분출되던 시기였다. 당연히 건강의집도 노조의 산재, 직업병 예방 교육사업에 관심 갖고 활발히 지원했다.

당시 구로 지역에는 구로청년회, 구로노동자문학회, 구로노동상담소, 다우리노동자회관 등 노동운동을 지원하는 단체들이 많았다. 그리고 구로의원이나 푸른치과의원 같은 의료기관들도 노동자들의 건강을 위해 다양한 활동을 했다.

건강의집에서도 주말에만 활동하는 한계를 극복하고 지역에 기반을 둔 상설기관의 필요성이 제기되었다. 당시 인적, 물적 여건을 고려할 때 의원보다는 부담이 적은 약국을 먼저 여는 것으로 방향이 모아졌다.

마침 건강의집 출신 김진숙 약사가 1990년 초 약대를 졸업하고 구로동에서 관리 약사로 근무 중이었다. 약국 근무 후 구로의원, 푸른치과의원과 함께 지역활동을 시작한 때여서 약국 설립 논의는 자연스러웠다. 건강의집은 약국 활동을 함께 논의하고 책임지기로 했다. 당시 약국 개국을 위한 건강의집 토론 자료에 실린 지역약국의 필요성은 아래와 같다.

우리가 해 왔던 주말진료 또는 방문진료는 그 활동의 비지속

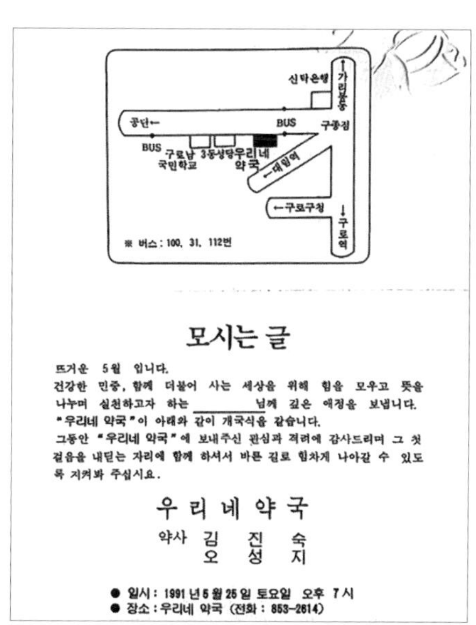

우리네약국 개국식
초대장

성, 뚜렷한 책임선의 부재, 단순 시혜적 차원으로 머무를 수도 있는 점, 지역적 기반이 취약한 점 등의 한계로 올바르게 그들과 결합하지 못했습니다. 이에 대해 지속적인, 안정적인 공간과 활동의 확보를 위해 지금까지의 지원의 차원에서 연대의 차원으로 발전해 나가기 위해서는 '약국'이라는 실천적 장에서의 결합을 꾀하는 것도 문제를 푸는 적극적인 방법 중 하나라고 생각합니다. 즉 지금까지의 단순 진료 기능에서 다양한 활동으로 우리의 적극적이고 주체적인 참여가 요구되는 때라 생각합니다.(가칭 '지역약

우리네약국의
처음 모습01

약국 준비위원회 활동 9개월 만인 1991년 5월 25일, 60여 명
의 후원금과 일일찻집 수익금으로 1,650만 원을 모으고, 나머지
1,660만 원은 대출을 받아 약국을 열게 되었다. 약국은 구로3동
도로변의 오래된 건물 1층, 8평의 작은 규모였다. 드디어 셋방살
이, 떠돌이 신세를 면하고 안정적인 활동 공간을 가졌다는 기대
와 설렘은 80평을 얻은 듯 큰 기쁨을 주었다. 김진숙과 오성지,
두 명의 약사가 약국 개국 준비 및 운영을 함께 책임지기로 했다.

---

01. KBS, <주부도 경쟁력이다> 영상, 1996.2

약국에선 어떤 일이

────────── 약국 준비위원회에서는 약국 활동의 방향성을 아래와 같이 검토했다.

1. 진료, 상담 : 전문성을 담보한다면 예방 중심적 차원에서 산재, 직업병에 대한 내용까지

2. 교육 : 자신의 건강 문제의 심각성과 그 구조적 특성을 인식하도록

3. 조사연구

(1) 지역주민의 건강, 보건 의식, 지역환경, 작업환경 실태

(2) 보건의료 운동의 실천 단위로서 역할 연구 : 올바른 진료내용, 방식, 전달체계

4. 對지역활동 : 교육의 구체적인 실천 행위(노조, 탁아모임, 야학, 지역운동 단체 등)

5. 지역 내 보건의료 단체들과의 연대 활동 : 사안별, 시기별로

6. 실무자들의 자체 활동

7. 약국 공간의 활용 : 게시판, 홍보, 판매, 비디오 상영, 지역신문, 건강신문 발행(가칭 '지역약국' 개설에 관한 안, 1990.12.24)

약사들은 약국 준비위원회에서 약국에 야심차게 주문한 7가
지 활동들을 개국 초반부터 하나씩 추진했다. 약국 근무를 하면
서 이런 다양한 활동들까지 해냈던 동력은 당시 구로동의 상황
이 무엇이라도 해야 할 만큼 매우 열악했고 자발적으로 약국을
찾아온 약사들이 존재했기 때문이라고 생각한다.

약국 초기엔 약사가 자주 교체되었지만 1992년 박혜경, 1993
년 강기옥, 1994년 정애랑, 1995년 김현옥 약사가 함께하면서
여러 가지 활동의 추진이 가능했다.

1994년 말에 '본동 우리네약국'을 열어 활동을 구로본동까
지 확대하였으나 경영의 어려움으로 1999년 말에 정리하였다.
2000년에는 많은 변화가 있었는데 김진숙, 강기옥, 김현옥 약사
가 개인 사정으로 약국 활동에서 빠지고 이소희 약사가 합류하
였다. 약국에서 추진한 지역활동의 많은 부분이 2000년 출범한
구로건강복지센터로 넘어갔다. 약국은 약국 본연의 일과 센터
활동 지원에 집중하면서 약국과 센터의 역할은 자연스레 구분되
었다.

시작으로 돌아가서

──────── 이제부터 본격적으로 약국 이야기를 시작해

인터뷰 당시
찍은 사진.
왼쪽 앞줄부터
시계 방향으로
박순덕, 김성원,
백재중, 김현옥,
박혜경, 박노희,
김진숙, 김미영

보자. 약국의 시작과 초창기 활동은 두 번의 인터뷰[02]에 담겼다. 참여한 구성원들은 달랐지만 오래 된 자료들의 행간에서 놓치고 우리 기억의 한계로 채워지지 않은 당시의 따뜻함과 열정을 다시 되살리자는 데서는 한마음 한뜻이었다.

혜경 우리네약국을 얘기하려면 먼저 건강의집부터 알아야겠네요. 건강의집에 대해 소개해 주세요.

---

02. 처음 인터뷰는 2025년 1월 26일 사당역 인근 식당에서 김진숙, 김현옥, 박혜경, 이소희, 정애랑, 강기옥(zoom 참여)이 참석해 진행. 다음 인터뷰는 2025년 10월 10일 사당역 근처 식당에서 김미영, 김성원, 김진숙, 김현옥, 박노희, 박순덕, 박혜경, 백재중 참석으로 진행

재중 1988년 1월로 기억하는데 성호 형[03]과 술 마시다가 구로동에 진료소 하나 만들자고 의기투합했어요.(웃음) 우선 마포에 있던 은강교회 얘기부터 해야겠네요. 이 교회가 의정부와 구로 두 곳에 자(子)교회를 만들었어요. 구로은강교회는 공단 지역에 있다 보니 '노동교회' 성격이 강했지요. 당시 가리봉에는 노동교회라 불리는 교회들이 몇몇 존재해 성탄절 같은 날 지역행사를 같이 진행했어요.

　　내가 구로동에 온 게 1986년 말이고. 개인적으로 구로은강교회 노동자들과 야학을 하면서 교회 활동하다가 성호 형과 교회에서 진료소 활동을 해보자고 의논했지요. 진료소 이름을 건강의집이라 짓고 이 건강의집 기획서도 만들었어요. 당시 교회에 공금영 씨라고 산재를 당한 분이 계시니 건강의집은 주말 진료와 직업병, 산재 상담을 같이 진행하자, 그럼 그 두 활동을 포괄하는 이름으로 건강의집이 좋겠다고 의견을 모았어요.

　　1989년에 나랑 성호 형은 졸업하면서 나는 충청도 공중보건의로 갔고 성호 형은 인턴으로 갔지요.

진숙 그럼 그 뒤를 성원이 형이 이었네요.

성원 나는 1988년 여름에 성호 형이 얘기해서 건강의집에 들어

왔어요. 선배들이 공보의, 인턴으로 가면서 내가 회장을 맡았지요. 약국을 준비할 때 박봉 인턴 월급을 털어 약국 설립에 보탰던 기억이 나네.

진숙 당시 내가 건강의집 식구들은 1인당 100만 원 이상 내라고 압박을 했어.(웃음)

재중 의대생들은 졸업하면 군대를 가거나 인턴을 해야 되는데 약대생들은 바로 약국을 열기가 가능하니 구로동에서 뭔가를 하자고 할 때 자연스레 약국 얘기가 나왔어. 약국을 하기 위해 일일찻집도 하고 후원금도 모으고.

현옥 자료를 보니 건강의집 총회 얘기도 나오던데….

진숙 1990년 8월 건강의집 총회에서 약국 준비위원회를 만들어 약국을 세우기로 했는데 의대 선배들이 공보의, 인턴으로 가 버리고 나만 남았지. 약국의 정체성이나 활동 방향을 같이 논의해야 하는데 형들이 학생 때처럼 구로에 자주 오진 못했어요.

그러던 중에 내가 황인태 선생님[04]의 침 강의에 갔다가 "구로동에서 노동자들을 위한 약국을 만들려고 하는데 돈이 안돼요" 했더니 황 원장님이 엄청난 추진력으로 지인들한테 후원금을 많이 끌어와서 큰 역할을 하셨지.

---

04. 다솜한의원 원장

재중 그래서 황 원장님이 등장했구나.

진숙 졸업하고 구보의(구로지역보건의료인모임) 활동을 해야 했기에, 구로1동 약국에서 관리 약사로 일하면서 약국 자리를 알아봤어요. 부동산에서 약국이 나왔다고 연락 오면 퇴근하고 가서 보고… 그런데 괜찮은 약국은 권리금하고 보증금 월세가 다 너무 비싸서… 마지막에 본 다 쓰러져 가는 약국이 우리 돈 규모에 맞았어요.

후원금과 일일찻집 수익금으로 필요한 돈의 딱 반을 모았어요. 그래서 당시 건약 회장님이었던 박남운 약사님께 보증을 서달랬어요. 박 약사님은 "너도 농민약국처럼 고생하면 어쩌니" 걱정하시며 보증을 서 주셨어요. 왜냐하면 우리 약국보다 1년 먼저 개국한 나주 농민약국에 도매상들이 약을 공급해 주지 않아 엄청 고생했거든요.[05]

순덕 내가 당시 구로동에 살아 회의를 엄청 많이 했어요. 농민약국을 모델로 해 약국 방향을 잡았어요. 약사를 못 구했는데 진숙 언니가 하겠다고 총대를 메니까 저도 심한 사명감을 느껴서 아르바이트를 두 개씩 하며 후원했죠. 형들도 시간 내서 저녁에 회의하러 자주 오셨어요.

약국 위치가 큰길가였고, 구로동 대부분이 공중 화장실이

05. 《한겨레신문》 1990.5.23

었지만 우린 개별 화장실 갖췄고. 다른 지역에 비하면 후졌지만 구로동 내에서는 약국 위치가 나쁘지 않았어요. 높은 지대였기에 수해에도 안전했고….

노희 맞아요. 구로동은 마누라 없이는 살아도 장화 없이는 못 산다는 말이 있었어. 꾸러기어린이집 앞에도 비가 오면 질척질척하고 애들이 항상 코 흘렸고…. 그래서 여기서 어린이집 해야겠다 생각할 정도였지.

현옥 언니 둘이 같이 약국 보러 다녔어요?

진숙 그랬을 거야. 순덕이가 나보다 보는 눈이 있으니까.

순덕 돈 규모에 맞는 걸 우선 봤지. 그래도 약국이 잘돼서 생각보다 빚을 엄청 빨리 갚았어요. 1년 만인가? 진숙 언니가 빚 없는 약국 됐다고 엄청 좋아했어요. 언니가 재정 운용을 잘 했으니까 센터 설립도 가능했죠.

혜경 맞아요. 많이 모아 놨더라구요. 센터 준비 때 많이 넘겨줬어요.

순덕 우리네약국이 엄청 승천했지. 구로구청장 사모님까지 배출하고.[06](다 같이 웃음)

재중 맞아 그거 기록에 남겨. 이번 투표율을 보니 약국 속한 구로 3동 투표율이 가장 높더라고.

---

06. 박혜경 약사 남편 장인홍이 2025년 4월 구로구청장 보궐선거에서 당선됨

 저는 돈 모으는 데 강박감을 가졌던 것 같아요. 빚을 다 갚
았으면 약사 월급을 올려야 했는데 저는 처음부터 푸른치과
의원 상담소처럼 약국 부설 연구소를 생각했어요. 연구소 공
간도 필요하고 상근자 월급도 줘야 하니 오랫동안 약사 월급
이 동결되었지요.

남편은 약사들이 약국 경영도 하고 활동도 다 하는데 왜
근무 약사보다 덜 받냐, 약사들 복지도 생각해야 한다, 여러
차례 말했어요. 그때마다 나는 시드머니를 만들어야 한다,
돈을 가져야 하고픈 일들을 더 많이 해 낸다…. 그런데 잘못
생각한 것 같아요. 돈을 모을 게 아니고 건물을 샀어야 했는
데.(다 같이 웃음)

 주변에 병원 없이도 약국이 30년 넘게 버려낸 건 약국의 경
영 위기가 올 때마다 좋은 기회가 찾아온 덕분인 것 같아요.
약국 근처에 7호선 남구로역이 개통되고 디지털단지가 생기
면서 약국 앞으로 사람 왕래가 많아졌어요. 자연스레 약국 매
출이 늘었죠. 또 동네에 중국 교포들이 많이 거주하면서 파스
나 진통제 같은 일반 의약품을 많이 사 갔어요. 고비 때마다
하늘이 약국을 돕는구나 생각했어요.

그런데 건강의집은 해체 상태는 아니죠? 진행 중인 거죠?
선배님들이 나중 자리 잡은 후엔 구로에 다시 온다고 하셨다

던데, 사실인지 오늘 꼭 물어 보고 싶었어요.

현옥 건강의집 의원이 필요한데….

재중 의원을 하나 낼까? 그런데 내가 현재 일하는 병원에서 못 빠져나와. 거기만 정리되면 가능한데.

혜경 구로동 의원 생각을 하긴 하시죠?

진숙 이런 지역활동에 관심 갖는 의사들은 찾기 힘든가요?

재중 요즘 그런 의사들 보기도 힘들지. 자기 전공도 그만두고 피부미용 하러 강남 가는 시절이니….

진숙 그래도 《한겨레신문》에 칼럼 쓴 강원도 계신 의사랑, 강북구 건강의집 의원 의사, 은평구의 살림의원 의사처럼 지역활동에 관심 많은 의사들도 존재하잖아요.

재중 그들은 지역기반을 갖는 의사들이지. 그 지역에서 활동하려고 마음먹고 활동하는 의사들이라 구로동으로 오기는 쉽지 않아.

진숙 제가 사는 용인 수지구에도 돌봄에 대한 요구가 많아요. 대안학교를 보냈던 학부모들이 아이들 졸업하고도 아직 동네에 많이 살아요. 이제 그분들이 은퇴 연령이 다가오니 돌봄이 본인 일이라고 생각하기 시작한 거예요. 지금부터 10년이나 15년 후에는 나도 돌봄을 받아야 하니 지역에서 같이 준비해 보자는 얘기들을 많이 해요. 결정적인 문제는 함께할 의사를 찾기 어렵다는 거예요.

재중 나도 요즘 공익적인 성격을 띤 의원급을 만들어 볼까 생각했어. 의료협동조합은 너무 무거우니까….

진숙 개인 의원으로요?

재중 형식은 개인 의원이지만 내용은 공익 형태를 생각했어. 법인으로 인정은 못 받지만 법인처럼 공동 운영하는 방식으로 비공식적 임의조직을 만드는 거야. 신뢰를 바탕으로… 법적으로는 그런 조직이 없으니까.

협동조합도 법이나 제도 이전에 실체로 존재했던 것처럼 먼저 치고 나가 형태를 만들고 나중에 법을 만드는 거지. 법이 없으면 없는 채로 가고…. 사의련(한국사회적의료기관연합회)에서도 그런 논의를 해. 개인적으로는 구로에도 하나 만들어 결합하면 좋겠다는 생각이야.

혜경 현재 센터에서 법인으로 재가복지센터를 운영 중이에요. 본격적으로 재택의료와 방문간호를 계획하려면 의원이 필수잖아요. 재가복지센터 활동을 하면서 의원과 약국이 같이 활동하면 좋겠다는 생각을 했어요.

진숙 내년 3월부터 돌봄법[07]이 시행되잖아. 지역에서 움직여야

---

07. 2026년 3월 26일부터 시행 예정인 <돌봄통합지원법>을 말함. 이 법은 돌봄이 필요한 주민이 지역(집)에서 건강하게 살아가도록 주거, 보건의료, 요양, 돌봄 등 필요한 서비스를 통합적으로 연계하는 지역 주도형 사회서비스 정책임

44

보건소를 끌어당기기가 가능할 거야. 돌봄 수요가 지역마다 다르니까 중앙에서 일괄적인 사업 모델을 제시하며 견인하긴 어렵고.

순덕 일을 하려면 먼저 종잣돈이 만들어져야죠. 돌봄을 하려면 의원이 필수라는 뜻이 모아졌으니 우리 종잣돈을 다시 모읍시다.(다 같이 웃음)

진숙 이야기 나누다 보니, 건강의집은 안 사라졌음을 알겠네. 2028년이면 건강의집도 불혹이니 다시 포스트 우리네약국을 꿈꾸며 파이팅!(다 같이 파이팅!)

2장

약국과 함께한 사람들,
그리고 많은 이야기

약국을 지킨 약사들[01]

──────────── **현옥** 진숙 약사님이 처음 구로에 온 계기가 뭐였어요?

진숙 1988년부터 서울대 의대, 약대 학생들이 구로, 성수, 인천, 안양에서 무료 진료 활동을 했어. 나는 약대 학생회에서 구로로 가라고 해서 1988년 겨울에 왔지.

혜경 당시 학생운동을 했던 선배 중 일부는 졸업하고 노동운동 하러 공장으로 갔는데 우리 졸업할 무렵부터 분위기가 바뀌

──

01. 2025년 1월 26일 인터뷰

었어. '애국적 사회진출'이라고, 각자의 전문성을 살려 사회에 기여하자는 방향으로 전환된 거야. 나도 약사로서 무엇을 할까 고민하다가 건약(건강사회를 위한 약사회) 활동을 했어. 그때 만난 친구 김진숙 약사 권유로 우리네약국에 온 거지.

현옥 1991년 약국을 열던 당시 구로 지역 상황은 어땠어요?

진숙 구로시장 근처의 구로의원과 가리봉 오거리 푸른치과가 노조 지원 활동을 진행했기에 함께 잘 어울렸어. 특히 푸른치과 내 노동상담소 소장인 김미영 씨가 친화력이 좋았어. 매주 푸른치과에서 서노협(서울지역노동조합협의회) 구로지구 노조 산업보건부 모임을 했지. 모임에서 노조 사람들과 사업 얘기하고 술 마시며 재밌게 놀았던 기억이 나. 푸른치과 노동상담소 활동을 보면서 나도 약국 한 쪽에서 저런 거를 해야겠다고 생각했지. 그 생각을 계속 품었다가 결국 10년 뒤에 센터를 오픈한 거야.

현옥 치과 내에 노동상담소가 존재했다니 특이하네요.

진숙 당시 치과의사가 두 분이었는데, 노동상담소를 전적으로 지원해서 상담소 공간도 아주 넓었어. 치과의사 선생님들 실력이 좋아 치과도 아주 잘 되었고. 구로의원에도 부설로 산업보건연구실이 있었는데 노조의 산재, 직업병을 전문적으로 상담하고 진료했지. 그때는 모든 활동이 노조와 밀착되었어.

구로 푸른치과를 소개하는
신문 기사

혜경 그때는 현재 디지털단지 쪽 마리오 아울렛 자리에 공장이 많았지. 2공단, 3공단 이런 식으로.

현옥 당시 약국 주변 환경은 어땠어요?

진숙 약국 바로 뒤 골목 내려가면서 작은 집들이 다닥다닥 붙었는데, 그걸 벌집이라고 했지. 지붕이 낮고 베니어판으로 만들어 골목을 걷다 보면 집안에서 말하는 소리가 다 들렸어.

혜경 나는 구로동에 1992년 10월에 왔어요. 그때 대통령 선거가 있어서 공감단(공정선거감시단) 활동을 했어. 공무원이 집집마다 투표용지 교부하러 다닐 때 같이 다니면서 한 장 주나 두

장 주나 살피고. 구로 지역의 약국 중 공감단 후원금 줄 만한 곳들을 찾아가 모금도 하고.

그때 공감단에 노조랑 지역에서 활동하던 청년들이 많이 참여해 몇백 명이 움직였지. 청년들이 아주 많았어. 약국 뒤쪽 동네를 여기저기 다니며 주거 환경을 봤는데 그 주거 환경이 너무 열악했어. 특히 기억에 남는 게 연탄가스 냄새가 심했던 것.

진숙 화장실 냄새도 심했어. 공중화장실인데 완전 재래식이라 냄새가 정말 심했어.

기옥 1993년에 내가 왔을 때 우리네약국은 한마디로 쓰러져 가는 건물이었어요. 특히 찢어진 셔터를 가까스로 올리며 문을 여닫던 기억이랑 술 취한 아저씨들. 좁은 골목길을 걷다 보면 집들이 다닥다닥 붙어서 숨소리까지 들릴 정도였고. 약국이 밤에 문을 닫으면 약국 앞에 포장마차가 문을 열었죠. 어쨌든 너무 힘든 환경이었어요.

현옥 약대 졸업하던 1995년 봄에 약국에 왔어요. 출근하려고 버스에서 내려 약국까지 걸어오다 보면 길가에 술 취해 쓰러진 아저씨들이 자주 보여 많이 놀랐어요. 자주 보니 금방 익숙해지긴 했지만요. 문화적 충격이 컸어요. 언제부터 술을 마시고 저렇게 취해 아침까지 쓰러진 걸까 궁금하기도 했고…. 밤에 술 취해 약국에 와서 술주정하는 아저씨들 때문에 경찰을 부르기도 했었지요.

현옥 구로3동이 공단이랑 가까워 환경이 더 열악해서 그랬을까요? 남편한테 맞아서 도망칠 곳을 찾는 동네 아주머니를 약국에 숨겨 주기도 하고… 참 여러 가지 일들이 많았어요.

혜경 1992년에 공감단 활동하면서 약국 뒤쪽 동네 사는 사람들이 이렇게 열악한 곳에서 가난하게 사는구나, 지역주민이 노동자들이니까 노조와 노동자를 위해 활동하는 우리 약국이 이제 지역주민을 위한 활동을 해야겠다고 생각했던 것 같아.

진숙 나는 약국 초기에는 지역주민보다는 노조지원 활동에 더 관심이 많았어. 구로의원, 푸른치과랑 같이 노조에 가서 산재, 직업병 조사하고 예방 책자를 만들었어. 그걸 약국에 가져와

산재, 직업병
예방과 관리를
위해 제작한
소책자들

서 주민들한테 홍보하는 데 활용했지.

혜경 진숙이가 책자 만들어 오면 약국에서 나눠줬어. 일하다 손가락 잘린 분들이 약국에 많이 왔어. 그런 분들이 오면 노동상담소를 알려 드리면서 상담하시라고 했지. 요통을 느끼신다면 여러 가지 묻고서 직업병인 듯하면 구로의원에 가서 상담받으시라고 알려 드리고. 근데 알려 드리기만 하고 진짜 가셨는지, 그 후 어떻게 됐는지는 몰랐던 것이 한계였지.

진숙 1990년대 초부터 구로공단 노조가 급속히 줄어들면서 약국 활동 방향도 자연스럽게 바꾸게 되었지.[02]

혜경 1980년대 중후반에 구로공단 노동운동이 폭발적으로 활발해지니까 사업주들이 공장을 지방이나 베트남 같은 외국으로 이전하기 시작했어. 반도패션, 삼경복장, 진도모피, 대우어패럴 같은 섬유 회사들이 많았는데 이전하면서 공단은 폐쇄되고 지역 개발이 시작됐지. 공단이 사라지고 약국 뒤쪽이 개발되면서 동네 풍경이 많이 바뀌었어.

1990년대 초 규제가 풀리며 벌집이 철거되고 1993-1994

---

02. 구로공단은 1960년대에 만들어진 수출산업단지. 섬유, 봉제산업으로 시작되어 1970년대에는 석유화학, 기계, 전자 등 제조업 중심지로 8,400여 개 업체와 11만 4천여 노동자가 존재하던 가장 큰 수출산업공단이었음. 노동집약적인 중소규모 공장이 밀집되어 당시에는 공장 굴뚝, 공순이, 공돌이, 벌집으로 상징되는 지역이었음. 구로공단 노동자들은 저임금과 장시간 노동에 시달렸고 이의 개선을 위해 1985년 구로동맹파업을 벌이며 한국 노동운동의 상징적인 곳이 되었음. 구로동맹파업은 1987년 7-9월 노동자 대투쟁의 서막과 같은 사건이었음. 이곳에서 살아간 노동자들의 삶은 소설과 영화《구로 아리랑》에 잘 들었음

년부터 빌라가 생겼어. 80% 전용 면적으로 빌라를 짓게 된 거야. 그때 지어진 빌라들 사이 간격이 아주 좁아. 구로3동 성당 뒤편은 훨씬 뒤에야 개발돼서 아파트가 생겼어. 우리가 2000년에 센터를 만들고 독거 노인들에게 도시락을 배달하면서 성당 뒤쪽엔 아직 벌집이 남은 걸 알았어.

애랑 저도 도시락 배달을 갔는데 공중화장실을 쓰기에 집이랑 화장실이 좀 멀었어요. 집들이 다닥다닥 붙어서 거기 들어가면 길을 찾아 나오기 어려울 정도였어요.

소희 저도 그때 도시락 배달 갔어요. 약국 근무하며 지역을 위한 활동을 했던 점이 좋았어요.

현옥 약국 주변은 크게 달라지진 않았는데 옛 구로공단 쪽으로 가 보니 완전히 달라져서 놀랐어요. 2000년대부터 구로디지털단지, 가산디지털단지로 바뀌면서 예전 공단 때와 분위기는 완전 다르네요. 세련된 카페와 식당, 깨끗한 건물들이 줄지어 있고… 예전 구로공단이 상상 안 될 정도예요.

지금까지 약국 초기 주변 상황을 돌아보았으니 이제 본격적으로 약국 활동에 대해 얘기해 봐요. 약국에서 제일 처음 했던 사업은 뭐예요?

일요진료와 상담

진숙 건강의집에서 했던 주말 진료를 이어받아 1992년 3월부터 약국, 꾸러기어린이집, 늘푸른교회가 주축 되어 지역주민 대상 월1회 일요진료를 했어. 건강의집에서는 의사를 보내 줬어. 주민들의 한방 수요가 많았는데 청한(참의료실 현청년한의사회)에서 한의사를 보내 줘 양한방 협동 진료를 했지. 파업 사업장으로 이동 진료도 갔어. 꾸러기어린이집 선생님들 주선으로 근처 어린이집 학부모회에 가서 진료와 상담도 했는데 총 7회 진행하고 종료했어.

성원 나는 약국 옆 골목을 쭉 내려가서 오른쪽 탁아소에 가 진료

공동으로 진행한
건강상담과 진료 홍보지

했던 기억이 나요. 그리고 언덕 쪽 올라가서 왼쪽으로 시설 좋은 어린이집으로 진료와 건강교육을 갔었고.

혜경 첫 번째는 꾸러기고 두 번째는 본동 우리네약국 근처 튼튼어린이집이네요. 튼튼어린이집은 독일 후원과 국내 모금으로 그 건물을 지은 거래요. 1층은 어린이집, 2층은 여성노동자회관으로 사용했어요.

노희 당시 독일의 미제리오[03]라는 재단에서 우리나라 비영리 단체를 많이 지원했어요. 꾸러기도 많은 돈은 아니지만 받았고 골롬반 선교센터 신부님 도움도 받았죠.

진숙 저희가 약국을 열 당시는 지역에서 같이 일하던 구로의원, 푸른치과만 알았지 지역활동하는 어린이집 존재는 몰랐어요.

혜경 약국이랑 꾸러기는 서로 어떻게 알게 됐죠?

노희 우리도 우연히 약국 이야기를 들었어요. 알고 보니 꾸러기와 가까워서 오며 가며 봤지. 우리가 약국을 찾아갔고 약국에서도 꾸러기를 방문해 너무 좋았지. 왜냐하면 그땐 좀 외로웠거든. 월1회 학부모 교육도 하고 진료도 시작했어. 그때 (성원) 선생님이 오셨던 거구나. 이렇게 다시 뵈니 반가워요.

　그리고 꼭 얘기하고 싶은 게, 약국은 꾸러기 소풍갈 때나 어린이날, 성탄절에 잊지 않고 아이들 선물을 챙겨줬어요. 내

---

03. Misereor, 1958년 설립된 독일 가톨릭교회의 공식 원조 단체

가 1993년 필리핀 갔을 때 Street Children에 의료봉사하는 예수회 수사님들을 알았어요. 아이들에게 약이 필요해 약국에 연락하면 약을 한 박스씩 보내줬어요. 아이들이 맨발로 다니니까 상처가 나고 본드 흡입하고… 그런 아이들을 모아서 밥을 먹이고 치료하는 봉사였어요. 그럴 때 우리네약국 약이 도움이 많이 됐죠. 꽤 오랫동안 보내 줬어요.

순덕 와 좋은 일 많이 했네. 세계로 뻗어가는 우리네약국이었네.(다 함께 웃음)

진숙 구보의(구로지역보건의료인모임)에 참여해서 산업안전보건 활동을 꾸준히 했어. 예를 들면 노조를 대상으로 경견완증후군 실태 조사를 한 후, 조사에 응한 노조를 방문하여 조사 결과를 설명했어요. 그리고 서노협과 함께 경견완증후군 예방, 치료에 대한 소책자를 만들어 건강교육과 상담활동도 하고요. 1991년 지자체 기초의회 의원 선거 이후에는 좀 더 체계적으로 접근하자는 논의를 했어요. 그 결과 구로구의회 보건의료분과 구의원을 만나 구민들의 건강 실태를 알리고 정책 건의를 하는 활동들을 시작했죠.

현옥 구보의 활동이 활발했네요.

진숙 약국 가까이 구로의원, 푸른치과, 구로한의원, 삼대한의원이 다 존재하면서, 구성과 네트워크가 좋은 상태였어. 구보의

구로 지역
의료보험
연대회의
발족식, 1996

에서 IMF 때는 요보호아동에 대한 사업으로 결식아동, 소년 소녀 가장 가족을 위한 의료지원을 했어. 1996년에는 구보의와 지역 단체들이 '구로지역 의료보험연대회의'를 발족해 '의료보험 통합 공청회'와 '지역의료보험 인상반대와 국고보조금확대설명회'도 열었어. 구로구 보건소가 주민을 위한 사업을 좀 더 적극적으로 하도록 구로구의회 보건의료분과 의원들 면담도 했어. 같이 하니까 으쌰으쌰 신났던 것 같아.

내 건강은 내가 지킨다

애랑 건강교육은 어떻게 시작하게 되었어요?

진숙 약국 초기부터 건강교육은 약국의 가장 중요한 사업이었어. 주민들이 '내 건강은 내가 지킨다'는 생각을 갖게 하자는 게 교육 핵심이었지. 초기에 무료진료를 하면서도 한쪽에서는 건강교육을 했어. 노조 파업을 지원하는 진료 때는 산재, 직업병 예방 교육을 했고, 어린이집 학부모회에서는 피임이나 여성암 조기발견, 어린이 응급처치 같은 다양한 내용으로 했지. 어린이집 교육은 입소문을 타고 여러 학부모회의 러브콜을 받았어. 1993년부터 일반인 접근이 가장 쉬운 수지침 교실을 시작했어. 인기가 많아 2000년 10기까지 진행했지.

기옥 우리가 고려수지침학회에 가서 배우고 자체교재를 만들어 수지침 교실을 시작했죠. 2기 때는 27명이 수강할 정도로 지역에서 인기였어요.

진숙 교육생들이 되게 재미있어했어. 내가 어디가 아픈데 그걸 직접 해결하고, 집에서 가족들 대상 실습하면서 효과도 보고. 남편이 어디가 아파서 수지침을 놨는데 딱 낫더라고 서로 얘기하면서 실제로 많이 써보더라고. 구로청년회에서도 오고 노조에서도 오고 어린이집 선생님들도 다 배우고. 재밌다고 소문이 났지.

혜경 나중에 구의원 하셨던 분이 자기도 우리가 하는 수지침 교실을 들었다고 하더라고. 수지침 교실로 지역주민들과 교감

수치침 교실을 진행하는
강기옥 약사

하면서 밀접한 관계가 생긴 것 같아.

현옥 나랑 소희 약사만 빼고 언니들은 모두 수지침을 배워서 가
르쳤네요.

혜경 수업 시간에 서로의 손에 직접 침을 놓으며 배웠지. 9기는
과정이 다 끝나고 후속 모임을 했는데 오래 하진 못했어.

애랑 후속 모임에서 계속 공부하고 외부에 자원봉사도 하면 좋
았을 텐데… 우리가 미처 챙기지 못했던 것 같아 아쉬워요.

진숙 그래도 수지침 교실 후속모임에서 파랑새나눔터 모임[04]이
진행하는 결식 아이들 위한 주말 무료급식 봉사에 함께했어.

---

04. 1997년 IMF 외환위기 때 '구로동 요보호아동 대책활동'을 위한 지역단체 연합모임

기옥 저도 가장 기억에 남는 사업이 수지침 교실이에요. 열심히 듣는 아저씨, 아줌마들 보면서 하나라도 더 가르치고픈 의욕이 솟았어요. 건강에 관심많은 동네 주민들이라 수업에 적극적이었어요. 이론 교육 후 그 자리에서 바로 실습을 했어요. 짝을 이뤄 서로 수지침을 놓고 가족들에게도 직접 놔보고 아픈 게 나아지니 신기해서 자랑하는 분들도 봤지요. 수지침 교실을 하면서 지역주민 대상 건강교실을 본격 고민했지요.

"본동 우리네약국에서 수지침을 배우게 되었다. 처음엔 속을 따뜻하게 할 목적으로 시작했는데 지금은 두통이나 웬만한 감기에도 수지뜸 덕을 톡톡히 보고 있다."

"짧은 시간 배워서 한 번만이라도 침을 놓아 볼 수 있을까? 첫날 강의 시간이 끝나고 집에 돌아올 때는 자신감이 없었습니다. 하지만 며칠이 지나고 나에게 아픔의 고통이 찾아왔습니다. 한번 놓아 보리라 마음먹고 약사님의 가르침을 생각하고 또 책을 펴서 보면서 하나하나 상응점에 침을 놓았습니다. 신기하게도 아픔은 사라지고 머리가 맑아짐을 느낄 수 있었습니다. 그 뒤 난 자신이 생겨 식구들에게 어디 아프지 않냐고 물어보곤 했습니다." _수지침 교실 교육생 신미영 님과 이혜숙 님 후기, 《우리네건강세상》 1998.6.27

나도 한마디

수지침을 배우며

이혜숙(구로본동 주민)

먼저 우리네약국 개국 7주년을 진심으로 축하드리며 무궁한 발전을 기원합니다. 바쁜 하루인데도 저희 주민을 위하여 항상 좋은 일 많이 하시고 어려운 이웃을 위해 애써주신 우리네(본동, 3동) 약국 약사님들에게 진심으로 감사드립니다.

저는 우리네약국에서 수지침을 배운 구로동의 평범한 주부입니다. 수지침을 꼭 한번 배워야겠다고 생각은 했지만 결정하기에는 두려움이 있었고 자신이 없어 많은 시간동안 망설였습니다. 아무것도 모르고 살림만 하던 내가 짧은 시간 배워서 한번만이라도 침을 놓아 볼 수 있을까? 첫날 강의 시간이 끝나고 집에 돌아올 때는 더욱더 자신이 없었습니다. 하지만, 며칠이 지나고 나에게 아픔의 고통(뒷머리)이 찾아왔습니다. 한번 놓아보리라 마음먹고 약사님의 가르침을 생각하고, 또 책을 펴서 보면서 하나하나 상응점에 침을 놓았습니다. 신기하게도 아픔은 사라지고 머리가 맑아짐을 느낄 수 있었습니다. 그 뒤 난 자신이 생겨 먼저 식구들에게 어디 아프지 않느냐고 물어보았습니다.

마침 아이 아빠가 어깨가 많이 아프다하기에 그건 내가 낫게 해주겠다고 했더니 불발이한테 내 어깨를 맡길 수 없다고... "손해날 것 하나도 없으니 내밀어보라"며 강제로 손을 끌어잡아 당겨 하나둘 아픈곳을 찾아 침을 놓기 시작했습니다. 아이아빠가 다음날 피곤 후 완전한 물팔이는 아니더구만 하며 먼저 손을 내밀기에 너무도 신이 나서 더 열심히 신중하게 놓아주었습니다. 저희 아이의 딸꾹질도 쉽게 해결 할 수 있었습니다.

하지만, 항상 신나는 일만 있는 것은 아니었습니다. 왼쪽 팔, 다리에 힘이 없어 아무것도 들지 못하겠다는 이웃 아주머니가 계시기에 과감하게 침으로 시도해 보았습니다. "뜨거우면 말씀하세요." 절대로 상처가 생기면 안된다는 선생님의 말씀을 생각하면서 신중하게 하나하나 불을 붙이기 시작했습니다. 다 하시고서는 시원하고 온 몸이 훈훈해진 것 같아 아주 좋다며 돌아가셨습니다. 다음날 저를 보는 순간, "이 손 좀 봐"하면서 내밀어 보이는 손등. 난 너무 놀라고 미안했습니다. 손등 마디마디에 물집이 생겨있었습니다.

하지만, 여기서 고개 숙인 아줌마로 돌아가기엔 억울했습니다. 요즈음 난 동생이 발바닥에 티눈이 생겨 걸음도 걷지 못하기에 상처부위에 뜸을 메일메일 떠주고 있습니다. 티눈이 없어지면 난 더욱더 자신이 생길 것이고 또 한번 수지침을 배운 것을 너무너무 잘 했다고 생각할 것입니다. 이렇게 할 수 있도록 용기를 주시고 가르쳐주신 우리네약국 약사님께 한번 더 감사드립니다.

《우리네건강세상》[05]에 실린
수지침 수강생 이혜숙 님 글

애랑 수지침 교실만큼 중요한 교육사업이 기옥 약사가 했던 성교육이었을 거예요.

진숙 그렇지. 성교육을 진행했지. 놀이방과 어린이집의 학부모회에서 성교육을 해보니 좀 더 전문적이고 체계적으로 해야겠더라고. 그래서 기옥이가 성교육 전문강사 교육을 받았지. 당시 구성애 선생님의 성교육이 유명해지고 성교육 붐이 일

---

05. 우리네약국에서 만든 지역주민 대상 건강 소식지, 1995년 4월 1호를 시작으로 2000년 6월 25호까지 발간

초등학생 대상
성교육하는
강기옥 약사

어서 어린이집, 학교 등으로부터 성교육 요청이 많았어.

현옥 그때는 성에 대해 얘기 못 하는 분위기였잖아요. 학교에서는 판에 박힌 성교육만 하니 애들은 재미없어하고. 구성애 선생님이 강연과 책에서 사랑, 생명을 중시하는 아름다운 성을 얘기하셨는데 굉장히 신선했어요. 말씀도 워낙 재밌게 잘하셔서 인기가 많았죠.

기옥 교육받고 초기에 초등학생 대상 성교육하러 갔는데 처음이라 두렵고 긴장됐어요. 장난기 많은 아이들이고 여학생, 남학생이 같이 앉았으니 조심스럽기도 했고…. 제가 전문적인 성교육 강사처럼 말주변이 좋진 않았지만 열심히 준비했어요. 이게 계기가 되어 이후에는 교육기관 자체에서 성교육 프로그램을 만들어서 하더군요.

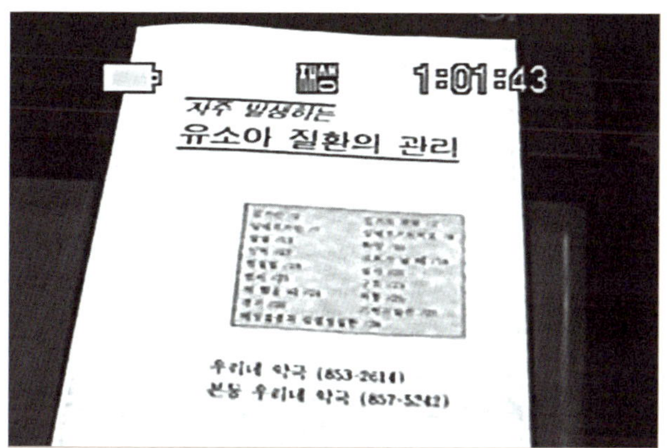

유소아질환
교육 책자

혜경 외부 요청에 의한 교육만 하다가 1996년부터 본격적으로 '우리네 건강교실'을 시작했지. 쉽게 배우는 당뇨교실부터 시작해서 고혈압교실, 성교육, 약물오남용 예방교육, 유소아질환, 임산부교실, 갱년기 여성질환 관리 및 골다공증, 여성암 등등 다양했어. 다들 나눠서 진행했는데 너무 오래 전이라 내가 무슨 교육을 했는지 잘 기억이 안 나네.

애랑 제가 구로청년회 분에게 그림을 부탁해서 슬라이드에 넣고, 자료집도 만들고 그랬어요.

진숙 그때는 애랑이만 결혼을 안 한 상태라 자료 만들고 일을 많이 했어.

애랑 이번에 자료 정리하는데 그때 만든 슬라이드를 못 찾아서 아쉬웠어요.

유소아질환 교육에 참석한 수강생들

주민들 대상 만성질환 교육하는 정애랑 약사

"건강 유감"

이 상진(구로본동)

우리가 평소 건강할 때는 건강의 소중함과 고마움을 잘 모르고 지내게 됩니다.

2년전에 우연히 산부인과에 갔습니다. 자궁 속의 물 혹이 너무 크기 때문에 빠른 시일 내에 수술을 해야 한다는 의사의 말을 듣고 내 귀를 의심할 정도였습니다. 평소 저는 건강에는 자신 있다고 생각했는데 의사의 진단은 저를 비웃는 듯 하였습니다. 수술후 의사의 말이 빈혈이 심하기 때문에 빈혈약을 먹기를 권하였습니다. 또 빈혈약은 변비를 가져올 수 있다고 말씀하셨습니다. 그리하여 빈혈약을 복용하게 되었는데 결과는 이겨낼 수 없는 변비의 증세가 오고 말았습니다. 변비가 그렇게 힘들고 고통스러운 상황이라는 사실을 새삼 알게 되었습니다.

우리 어머니께서는 만성 변비로 고생을 하고 계십니다. 하루는 우리네 약국에 들렀을 때 변비에 관한 설명이 적혀 있는 얇은 책자를 보게 되었습니다. 그것을 자세히 읽어보니 규칙적인 식사와 신경을 과다하게 쓰지 말도록 권하고 있었습니다.

우리네 약국에는 항상 변비, 고혈압, 당뇨, 비타민 결핍 등의 흔히 우리에게 올 수 있는 증상을 예방하는 방법과 요법에 관한 책자가 놓여져 있어 주민들이 항상 볼 수 있도록 되어 있었습니다. 그때 생각에 '이 약국이야말로 주민에게 많은 도움이 되고 있구나' 생각했습니다. 그리고 건강에 관한 책도 빌려준다는 메모도 적혀 있었습니다. 주민들과의 건강 상담도 자주 이루어지고 있는 듯 하였습니다. 우리네 약국의 약사들이 수지침 강의라든지, 고혈압, 당뇨에 관한 일반적인 상식과 예방법 또는 자가 치료법에 관한 강의를 주민들에게 자주 하고 있는 것에 대해 주민의 한 사람으로써 감사하게 생각합니다. 나는 고혈압 예방과 치료법에 대해서 강의를 들었지만 알기 쉽게 설명하시고 질문에도 자세하게 답을 하여 주었습니다.

구정 모니터 요원으로 활동하고 있는 내가 조금이라도 도움을 줄 수 있는 방법이 없을까 생각한 끝에 구청의 홍보과에 우리 주변의 주민들을 위하여 무료로 소리나지 않게 봉사하고 있는 이들에게 격려와 용기를 주고 홍보를 하여 이 동네 주민이 아니더라도 많은 사람들이 강의를 듣고 도움이 되었으면 하는 생각으로 글을 전하였습니다.

우리 주변에 좋지 않은 일이 많이 일어나고 있지만 한편으로는 이렇게 좋은 일을 하고 계시는 분들을 생각할 때, 우리 사회가 더욱 밝아지고, 서로를 위할 수 있게 되리라고 믿습니다. 서로가 마음을 열고 조금이라도 남을 위해서 일을 할 수 있다면 건강한 마음과 건강한 신체를 유지할 수 있으리라 생각됩니다.

■ 나도 한마디난은 동네 주민들을 위한 란입니다. 살아가면서 느끼는 걱정어린 이야기나 동네 분들께 건의하고 싶은 이야기나, 약국에 당부하고 싶은 말들을 적어서 언제든지 약국으로 내주시면 됩니다. 채택된 원고는 소정의 선물을 드립니다.

《우리네건강세상》에 실린 고혈압 교실 수강생 이상진 님의 글

"우리네약국 약사들이 고혈압, 당뇨에 관한 일반적인 상식과 예방법 또는 자가 치료법에 관한 강의를 주민들에게 자주 하고 있는 것에 대해 주민의 한 사람으로서 감사하게 생각합니다. 나는 고혈압 예방과 치료법에 대해서 강의를 들었는데, 알기 쉽게 설명하고 질문에도 자세하게 답을 해주었습니다." _고혈압교실 교육생 이상진 님 후기, 《우리네건강세상》 1996.4.20

"결혼한 지 6개월 된 새내기 주부입니다. 약국에 갔다 약사님의 권유로 교육에 참여하게 되었습니다. 교육은 '여성의 산전산후 관리 및 부인과 질환'이라는 주제로 임신의 증상부터 시작되었습니다. 결혼 생활 6개월에 접어들지만 임신에 대해 너무 몰라 걱정하던 중이었습니다. (중략) 교육내용 모두 정말 필요하고 알아

여성암
조기발견과
치료 위한
건강교육

동네
미장원에서
건강교육하는
김현옥 약사 06

야 할 내용이었습니다. 특별히 교육 이후 곧바로 임신을 하게 돼 저에게는 참 고마운 교육입니다. 요즘은 교육 때 주신 자료를 보며 여러 가지 기초 지식을 쌓아갑니다."_산전산후 및 부인과 교실 수강생 이순복 님 후기, 《우리네건강세상》 1997.6.10

구로동의 마당발, 좋은이웃들

———————— 현옥 우리 활동 중에 '좋은이웃들' 모임도 빼놓을 수 없죠. 제가 주로 그 모임에 갔었는데, 지금 생각해 보면 구로에 살지도 않았던 제가 왜 그 모임에 나갔을까요?

06. KBS, <주부도 경쟁력이다> 영상, 1996.2

혜경 우리는 이미 결혼을 하고 아이가 있어서, 미혼이라 상대적
으로 시간적 여유가 있던 현옥 약사가 좋은이웃들 모임에 주
로 나갔던 것 같아.

현옥 처음에 좋은이웃들이 어떻게 만들어졌죠? 들었던 것 같은
데 기억이 안 나요.

진숙 약국 앞에 횡단보도를 설치하자는 서명을 하면서 만들어졌
지. 약국 앞 도로는 주민들의 통행이 많은 곳인데 횡단보도가
멀어 무단 횡단으로 벌금 내는 일이 잦았어. 1993년인가, 임산
부가 멀리 떨어진 횡단보도까지 가기 힘들어 무단 횡단하다
경찰에 걸려 벌금을 내게 된 거야. 그래서 횡단보도 설치를 위
한 서명운동을 벌였어. 이때 서로 알게 된 분들이 살기 좋은
구로3동을 만들자고 의기투합해서 ‘좋은이웃들’을 만든 거야.

혜경 좋은이웃들 대표인 조찬형 씨가 수지침 교실 수강생이었
고, 같이 좋은이웃들 만든 구로동 홍씨 자매도 수지침 교실을
함께 들었어. 약국과 수지침 교실 수강생을 중심으로 서명운
동을 하면서 지역문제에 눈을 뜨게 되었어. 구로동 프로참견
러 찬형 씨가 적극적으로 모임을 제안하면서 좋은이웃들이
태어났지.

현옥 수지침 교실이 좋은이웃들이 만들어지는 데 중요한 역할을
했네요.

혜경 찬형 씨가 약국을 참 많이 도와줬어. 얼마 전 정말 오랜만에

진숙이랑 찬형 씨를 만났어. 지금은 고향인 파주에 살아서 만나기 힘들어. 만나서 옛날 얘기를 했는데, 찬형 씨는 약사들이 약국 밖에서 여러 가지 활동을 하는 게 신기했대. 약국이 뭔가 지역에서 사업을 만드니까, 자기는 발로 뛰는 역할로 도와야겠다고 생각했대.

진숙 찬형 씨가 그 당시 《한겨레신문》 구로지국장이었으니 새벽엔 신문 배달하고, 오후에 택견 가르치면서 시간이 자유로울 때라 낮에 동네 어슬렁거리다 약국에 자주 왔어. 그때 우리가 '약국이 이번엔 뭘 할까' 이런저런 고민을 얘기하면 찬형 씨는 옆에서 가만히 듣기만 했어. 그리고는 우리가 무슨 미션을 준 것도 아닌데 찬형 씨가 그 일에 관련된 동네 사람들을 만나기 시작하는 거야. 그래서 복지관 관장님도 많이 만났대. 이 사람 저 사람 만나면서 약국이 하려는 일에 대한 주변 상황을 미리 파악하고 그런 거지.

혜경 찬형 씨 말에 따르면 우리가 그때 너무 열정적이어서 우리를 막 도와주고 싶었대.

진숙 찬형 씨가 약국의 자잘한 일들을 다 해결해 줬잖아. 약국에 남자가 없으니 무거운 거 옮길 때마다 찬형 씨 부르고, 행사 준비할 때 필요한 물건 생기면 차로 옮겨 주고.

애랑 맞아요, 우리가 부탁을 그렇게 많이 하는데도 한 번도 싫어

좋은이웃들,
앞줄 왼쪽이
조찬형 대표

하거나 귀찮아하지 않았어요.

진숙 참, 찬형 씨가 이번에 만났을 때 얘기해 줬는데, 한번은 약국근처 술집주인이 우리 약국에 와서 나한테 농지거리를 했대. 내가 화가 나서 그 얘기를 찬형 씨한테 했나 봐. 나는 기억이 안 나는데, 찬형 씨가 그 가게 영업 다 끝난 새벽 3시에 찾아가서 "저 두 약사 건드리면 가만 안 둔다"고 그랬다네.(다 함께 웃음)

혜경 그 당시에는 우리한테 그런 얘기 하나도 안 했었어. 진숙이나 내 남편은 약국 문 내려주는 셔터맨 역할을 한 번도 안 해 줬는데 찬형 씨가 많이 해 줬던 것 같아. 그래서 동네 아줌마들이 남편들은 뭐하고 찬형 씨가 다 해 주냐고 그랬지.

진숙 나중엔 우리를 도와 준다기보다는 찬형 씨 자신이 일을 정말 많이 벌여서 우리가 헉헉대며 쫓아가기 바쁠 지경이었지.

혜경 찬형 씨가 일을 벌여 놓으면 우리가 뒤치다꺼리 했던 듯한데 찬형 씨는 아니라는 거야. 우리가 아이디어를 내면 그게 가능하게끔 자기는 뒤에서 밑 작업만 했다더군.(웃음)

진숙 이번에 자료 정리하면서 약국 소식지 《우리네건강세상》(우건세)를 읽어봤는데 회를 거듭할수록 좋은이웃들 얘기가 점점 많아지더라. 나중엔 거의 좋은이웃들 홍보지 같았어. 그런데 우건세가 원래는 노조 때문에 만들어진 거야.

현옥 그 얘기는 처음 듣는데요? 노조 때문에요?

진숙 1990년대 초에 노조에 가서 직업병 예방이나 건강교육을 했는데 노조에서 상시적인 상담을 해 주겠냐고 하더라고. 노조 자문 약사 뭐 이런 식으로. 그런데 노조 상주가 어려우니 대신 직업병, 산재예방 내용을 담은 소식지를 노조랑 지역 단체에 뿌린 거야. 그 소식지가 《우리네건강세상》이지.

혜경 시작은 그렇게 했는데 이후에는 약국활동과 지역소식, 건강에 대한 글을 주로 실었지. 찬형 씨가 수지침 교실 수강생이었잖아. 우리가 수지침 후속모임을 통해서 주민모임을 만들고 싶어 하는 걸 보고 좋은이웃들을 만들게 된 거래.

기옥 좋은이웃들 행사 중 가장 기억에 남는 게 버스 빌려 찬형씨

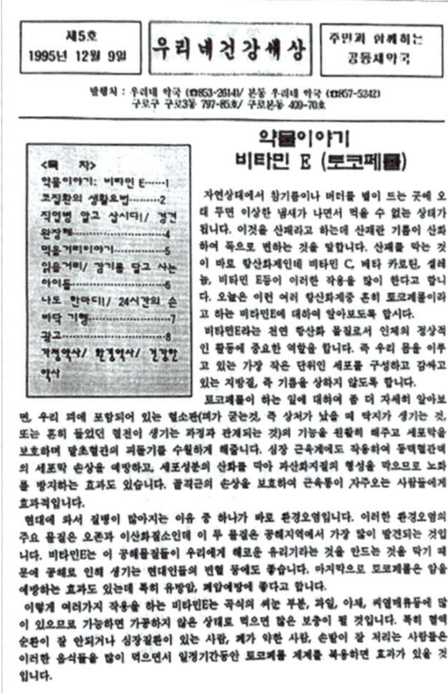

제5호
1995년 12월 9일

우리네건강세상

주민과 함께하는
공동체약국

발행처 : 우리네 약국 (☎853-2614)/ 본동 우리네 약국 (☎857-5242)
구로구 구로3동 797-85.8/ 구로본동 409-70.8

<목 차>
약물이야기: 비타민 E·····1
조질환의 생활요법········2
직업병 알고 삽시다!/ 경건
환경책···············4
먹을거리이야기··········5
읽을거리/ 감기를 달고 사는
아이들··············6
나도 한마디!/ 24시간의 손
바닥 기행············7
광고···············8
가정약사/ 환경약사/ 건강한
약사

약물이야기
비타민 E (토코페롤)

자연상태에서 참기름이나 버터를 볕이 드는 곳에 오래 두면 이상한 냄새가 나면서 먹을 수 없는 상태가 됩니다. 이것을 산패라고 하는데 산패란 기름이 산화하여 독으로 변하는 것을 말합니다. 산패를 막는 것이 바로 항산화제인데 비타민 C, 베타 카로틴, 셀레늄, 비타민 E등이 이러한 작용을 많이 한다고 합니다. 오늘은 이런 여러 항산화제중 흔히 토코페롤이라고 하는 비타민E에 대하여 알아보도록 합시다.

비타민E라는 천연 항산화 물질로서 인체의 정상적인 활동에 중요한 역할을 합니다. 즉 우리 몸을 이루고 있는 가장 작은 단위인 세포를 구성하고 감싸고 있는 지방질, 즉 기름을 상하지 않도록 합니다.

토코페롤이 하는 일에 대하여 좀 더 자세히 알아보면, 우리 피에 포함되어 있는 혈소판(피가 굳는것, 즉 상처가 났을 때 딱지가 생기는 것, 또는 흔히 들었던 혈전이 생기는 과정과 관계되는 것)의 기능을 원활히 해주고 세포막을 보호하며 말초혈관의 피돌기를 수월하게 해줍니다. 심장 근육계에도 작용하여 동맥혈관벽의 세포막 손상을 예방하고, 세포성분의 산화를 막아 과산화지질의 형성을 막으므로 노화를 방지하는 효과도 있습니다. 골격근의 손상을 보호하여 근육통이 자주오는 사람들에게 효과적입니다.

현대에 와서 질병이 많아지는 이유 중 하나가 바로 환경오염입니다. 이러한 환경오염의 주요 물질은 오존과 이산화질소인데 이 두 물질은 공해지역에서 가장 많이 발견되는 것입니다. 비타민E는 이 공해물질들이 우리에게 해로운 유리기라는 것을 만드는 것을 막기 때문에 공해로 인해 생기는 현대인들의 변혈 등에도 좋습니다. 마지막으로 토코페롤은 암을 예방하는 효과도 있는데 특히 유방암, 폐암예방에 좋다고 합니다.

이렇게 여러가지 작용을 하는 비타민E는 곡식의 씨눈 부분, 과일, 야채, 비엽채류등에 많이 있으므로 가능하면 가공하지 않은 상태로 먹으면 많은 보충이 될 것입니다. 특히 혈액순환이 잘 안되거나 심장질환이 있는 사람, 폐가 약한 사람, 손발이 잘 저리는 사람들은 이러한 음식물을 많이 먹으면서 일정기간동안 토코페롤 제제를 복용하면 효과가 있을 것입니다.

건강소식지
《우리네건강세상》

고향인 파주로 놀러 간 거예요. 봄에는 나물 캐고 가을에는 밤 따러 갔죠. 가족 단위로 많이 참여하고 장기수 어르신들도 모시고 가고. 파주니까 중간에 임진각에도 들렀어요.

혜경 그때 함께 가신 어떤 분이 시골에서 자라서 나물을 많이 알았어. 나물캐서 가져오면 그분이 보고서 나물이름 많이 아는 사람한테 상도 주고 그랬지. 특히 밤 따러 가기가 인기가 많았어. 나중에 동네 분들이 물어 보시더라고. 밤 따러 언제 가냐, 왜 안가냐고.

밤 따러 가기
행사

애랑 물어 보시면 나는 "찬형 씨가 없어서 못가요" 그랬어요.

혜경 밤 따기 행사에 오신 분이 나중에 좋은이웃들 활동에 참여하기도 했어. 규태 알지? 그때는 20대 청년이었는데… 이탈리아에 디자인 공부하러 가서 지금은 거기서 결혼하고 정착해서 살아. 규태 부모님이 아직도 약국 근처에 사셔서 규태가 한국 올 때마다 약국에 꼭 들러. 항상 하는 말이 이탈리아에 놀러 와서 꼭 자기한테 들르래.

현옥 밤 따러 가기 행사를 1999년까지 했죠? 센터 오픈하기 직전까지. 왜 계속 못 했을까요….

진숙 찬형 씨가 없으니까. 2000년 초 나랑 비슷한 때 구로를 떠났어. 좋은이웃들이 주최한 경로잔치도 반응이 정말 좋았지.

좋은이웃들 주최,
구로3동 주민센터
경로잔치

혜경 1995년도에 구로3동 주민센터에서 처음 진행했지. 그때 내가 출산 휴가 중이었는데 경로잔치에 간 거야. 젖이 불어 너무 아파하면서 집에 돌아왔던 기억이 나.(웃음) 경로잔치 반응이 아주 좋아서 1997년에는 단오잔치랑 합해 '단오맞이 주민큰잔치'를 구로남초등학교 운동장에서 했지.

애랑 그때 기억나요. 청년회 풍물패가 온 동네를 돌며 주민잔치 한다고 알렸는데 약국 앞에도 왔어요. 따라가서 같이 하고 싶었는데 약국 근무하느라 못해서 아쉬워했죠.

혜경 자료 찾다가 운동장에서 아저씨들이 지푸라기로 새끼를 꼬는 사진도 봤어. 할아버지들도 같이 참여하시고. '열린사회 구로시민회'가 폴라로이드로 사진 찍어 드리고 좋은이웃들이 음식을 맡고… 워낙 큰 행사여서 여러 단체가 함께했어.

진숙 우건세 보니까 좋은이웃들이 '불우아동과 무의탁노인 돕기 일일주점'도 하고 장애인 복지시설인 '브니엘의 집 돕기 일일 찻집', 병원이동을 위한 차량봉사도 했더라. 정말 다양했어. 찬형 씨가 처음엔 약국 활동을 돕는 거였는데 나중엔 찬형 씨 활동 범위가 넓어져서 재밌는 일들을 많이 벌였어.

현옥 지역행사를 같이하다 보니 나중엔 좋은이웃들 행사에 '구로시민센터', '구로청년회' 회원들도 지속적으로 참여했었어요.

혜경 좋은이웃들이 했던 일 중에 '구로지역 주거환경개선 공청회'도 있었는데 그게 언제였더라.

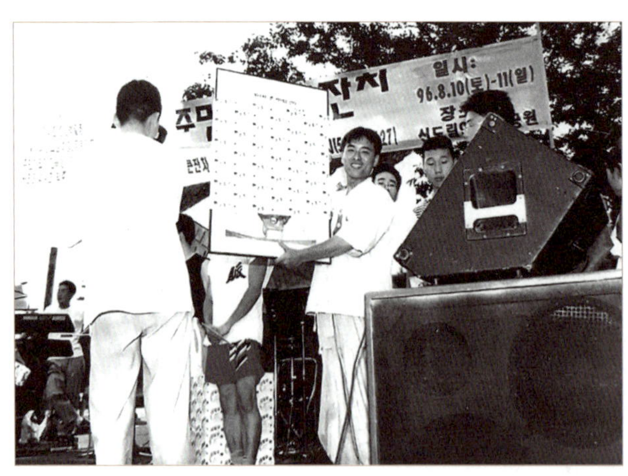

주민통일 큰잔치에 참가한 좋은이웃들, 구로5동 가로공원

 자료를 보니까 1995년에 했던데.

 그때였구나. 공청회를 열게 된 계기가 있어. 구로4동에 두산아파트가 들어서면서 철거를 시작했어. 거의 다 철거됐는데 정용철 씨라는 분이 무대책 철거에 반대하면서 남았었지. 우리가 밤에 약국 끝나고 찬형 씨랑 같이 가서 철거 반대하는 분들 얘기를 듣고 어떻게 도울까 의논했어. 그 후에 이런 공청회를 했던 것 같아.

 공청회뿐 아니라 구의회 의원면담과 구로구의회 방청도 주민들과 함께 갔었어. 아무래도 1990년대부터 지방자치가 부활된 해라 의회활동에 관심 갖기 시작한 것 같아.

아이들의 보금자리, 파랑새나눔터 모임

 또 생각나는 게 1997년 IMF로 외환위기 사태가 발생하면서 '파랑새나눔터 모임'을 시작한 거야. IMF로 실업자가 많이 생기고 아이들이 방치되는 것을 보며 구로지역 단체들이 파랑새나눔터 모임을 만들었잖아. 자료를 보니 약국과 좋은이웃들이 주축이 되면서 구로종합사회복지관, 꾸러기어린이집, 구로3동성당, 구로동 아이들을 생각하는 교사모임, 구로시민센터, 구로청년회 등 많은 단체가 참여했더라.

파랑새공부방
아이들07

기옥 그때 어려운 가정에 의료비를 감면해 주고, 주변 식당을 섭
외해서 아이들 점심도 제공했죠.

현옥 주말에 무료급식도 했었죠. 꾸러기어린이집 학부모회 분들
이랑 아이들 식사 준비했던 기억이 나요. 아이들이 한쪽에서
신나게 떠들며 놀고 우리는 식사 준비하느라 바빴죠. 겨울방
학이 돼서 무슨 수업을 했던 것 같은데.

애랑 방학 때는 아이들 갈 곳을 마련하느라 아예 '파랑새 겨울학
교'를 열었지. 6주간 독서지도, 노래교실, 택견교실, 역사교실
등 다양한 수업을 했어.

방학이 끝나니까 방과후교실로 바꾸어서 '파랑새공부방'

07. KBS, <주부도 경쟁력이다> 영상, 1996.2

이 되고, 그렇게 2000년까지 꾸준히 활동했어.

진숙 아이들 주말 급식을 책임진 꾸러기어린이집 학부모회 회장님이 생각나네. 주말 아침부터 장 보고 식사 준비가 부담됐지만 애 키우는 부모 입장에서 시작하셨대. 파랑새 아이들이 커서 서로 돕는 마음을 갖게 되면 좋겠다는 소박한 마음으로 말이지.

아무래도 같이 준비하는 엄마들과 식단 짜고 장 보려면 연락해야 할 일이 많았는데 그 때문에 부부싸움도 자주 했대. 그런데 나중엔 남편이 적극적으로 학부모회 일을 도와 주었다고 자랑하시더라고. 그분 아직도 구로에 사시는지 궁금하다.

다산多産과 숙고의 시간들

현옥 약국 일하면서 1997년은 정말 잊지 못할 해였어요. 그해 우리 아이들 네 명이 태어났잖아요. 그 중 셋이 9월에 태어났어요. 만삭인 약사 둘이 근무하는 시간에는 서로 배가 부딪칠 것 같은 상황도 생기고…동네 아주머니들 보시며 얼마나 웃으시던지. 약사들이 날짜도 못 맞춘다고.(다 함께 웃음)

진숙 특히 내 배가 엄청 불렀지. 낳아보니 4kg이 넘는 아이였어.

기옥 밤 10시 약국 근무를 마친 후 회의하고 새벽에 집으로 돌아갈 때 참 힘들었어요. 지금 생각하면 힘들어서 절대 못 할 것 같아요. 둘째 아이 출산 휴가 들어가기 전날에도 밤에 회의하고 집에 12시 넘어 들어갔어요. 새벽에 자꾸 배가 아파서 병원에 갔는데 아이가 나오려고 한다는 거예요. 그런데 회의하면서 야식을 먹어 전신 마취를 못 했어요. 결국 부분 마취하고 아이를 제왕절개로 낳았어요. 깨어 있었으니까 애가 나오는 것도 봤네요.

애랑 야식 때문에 전신 마취를 못 했다니.(다 같이 웃음)

진숙 우리 부모님 세대는 밭에서 일하다가 애를 낳기도 했다는데 우리는 대부분 애 낳는 전날까지 약국에서 일을 했네. 나도 밤 10시까지 근무하고 셔터를 내리는데 뭐가 밑으로 쑥 내려가는 거야. 내일 낳겠구나 생각했지.

소희 저는 출산 휴가 들어가기 전날, 밤 근무를 하는데 뭔가 좀 축축했어요. 10시에 퇴근하고 집에 가서 11시에 병원에 갔어요. 예정일보다 보름 일찍 낳았어요. 출산 휴가 들어가려고 좀 무리하게 일을 해서 그랬나 봐요.

애랑 저도 일찍 낳았어요. 출산 휴가 들어가려면 3주 남았는데 아침에 출근하려는데 배가 아파서 병원에 갔었어요.

진숙 중이 제 머리 못 깎는다고 산전산후 교육 강사인 우리가 정

언론에 보도된 여섯 약사 이야기,
《경향신문》 1999.6.28

작 자기 관리는 못 한 거지.

혜경 아마 그 해에 진숙이가 동네에서 아이를 받았었지? 그때 애기엄마가 한참 후 약국으로 진숙이를 찾아와 인사했다며.

진숙 둘째 낳고 다시 근무할 때니까 1997년 말이나 1998년 초반일 것 같아. 약국 근무 중인데 동네 아줌마들이 약국에 급하게 몰려오셨어. 여학생이 아기를 낳았는데 탯줄을 잘라 달라고. 나도 너무 당황해서 엄마한테 탯줄을 어떻게 자르는지 전화했던 거 같아. 가위를 소독해서 가지고 갔던 기억은 나. 아기 엄마가 여학생이었는데 회음부 열상이 심해 내가 다니던 산부인과에 데리고 갔어. 남자아이였는데 갓난아기인데도 참

잘 생겼다는 인상을 받았어.

산부인과에서 처치하고 집에 왔는데 막막하더라고. 여학생 엄마는 안 계시고 아버지는 지방으로 일을 가셔서 산모를 돌볼 사람이 없었어. 내가 미역국을 끓여 먹이고 우리 둘째가 입던 옷을 나눠 입혔어. 내가 여학생에게 "학생이니까 공부를 우선 해야 하지 않을까," 얘기하면서 입양에 대해서 살짝 흘렸어. 여학생은 아기를 자기가 키워야겠다고 생각했나 봐. 나한테 알리지도 않고 이사 갔어. 서운하면서도 내가 참 섣불리 말했구나 하고 후회했지.

현옥 그때 우리 생활총화 시간도 가졌어요. 2주에 한 번은 약국 끝나고 밤 10시에 모여 다 함께 회의를 했잖아요. 주민교육,

---

08. KBS, <주부도 경쟁력이다> 영상, 1996.2

지역활동, 보건의료인 모임에 대해 진행 상황을 공유하고 임상 공부도 열심히 했어요. 그리고 총화 시간이라고 자기 반성하는….(다 같이 웃음)

기옥 맞아. 그땐 체력이 좋았나 봐요. 20대니까…나는 이 총화 시간이 힘들었어요. 자기 이야기를 회의 때마다 얘기하고 반성하라 하고….

진숙 사회 나와서도 학생 때 버릇을 못 버렸네. 우리 참 진지했다.(다 같이 웃음)

현옥 저는 약국이 현재 건물로 이전한 것도 기억에 남아요. 1998년 3월에 이전했으니 약국 오픈하고 만 8년 만이네요. 처음 약국 건물은 좁고 오래돼서 시골 약방 같은 느낌이었어요. 특히

약국 이전 및
7주년 기념행사,
1998.5.30

본동
우리네약국

손으로 셔터를 올리고 내릴 때 홈을 잘 맞추지 않으면 어긋나서 힘들었어요. 새 건물은 버튼만 누르면 되니까 문을 여닫는 데 부담이 확 줄었죠.

애랑 약국 확장 이전 기념으로 풍물패가 동네를 돌면서 길놀이도 하고 약국 앞에서 고사를 지낸 기억이 나요. 저는 본동 약국에서 근무를 시작해서 그런지 본동 약국이 5년 만에 문을 닫아 너무 아쉬웠어요. 본동 약국은 약국 안쪽에 방이 있어서 동네 사랑방이 되기도 했었죠.

구로건강복지센터 밑그림 그리기

현옥 그럼 이제 2000년에 문을 연 구로건강복지센터 이야기를 해 볼까요? 진숙 약사님이 약국 초기부터 푸른치과의 노동상담소를 보며 약국에도 연구와 상담을 하는 부설기관 같은 걸 생각했다고 하셨죠?

진숙 계속 생각은 했었어. 우리는 약국 근무를 하면서 건강교육도 하고 좋은이웃들과 지역활동도 해야 하니까 여력이 없었지. 그래서 내심 조바심이 나기도 했었어. 그때는 약사가 근무도 하고 활동도 해야 하는 게 단점이라고 생각했어. 지나고 보니 우리는 약국에서 주민들을 직접 만나면서 활동과 연결했던 것이 장점이었던 것 같아.

애랑 약국 회의 때마다 우리가 지역에서 어떤 역할을 해야 하는지 계속 얘기했어요.

혜경 본격적인 상담소는 아니지만 시도는 했었지. 1995년에 본동 약국에 건강상담 전용 전화를 개설해서 진숙이가 상근했었잖아. 그래서 무선 전화도 개통하고.

진숙 맞아. 벽돌처럼 큰 전화기였지. 현옥이가 1995년부터 약국에 합류하면서 약국 근무에 여유가 생겼지. 본동 약국에 자그마한 방을 두어 인적 물적 조건이 마련된 상황이었고. 그때 의료보험 통합 공대위 활동을 했어. 결국 통합이 이루어져서 보건정책 활동에 대한 효능감을 느꼈지. 그래서 연구와 상담을 하는 '구로보건연구소(가칭)'를 본격 의논했어.

혜경 처음엔 '지역의료보험 인상반대와 국고보조금확대설명회'에 참여하고 구보의, 지역 단체들과 함께 지역-직장 의료보험 통합을 위한 활동을 했지. 지역의료보험조합 대의원 회의도 방청하고. 이런 활동들이 건강권에 굉장히 중요한 영향을 주니까 의미가 컸어. '이런 활동을 지속적으로 만들고 끌고 갈 활동체가 필요하다'는 얘기를 계속 나눴지.

진숙 당시 내 입장에서는 10년 가까이 약국 하면서 열심히 지역 활동을 했는데 뭔가 쌓이는 게 없는 거야. 가시적인 성과물도 확인 안 되고. 그래서 1998년부터 연구소를 본격적으로 고민한 거지. 약국에서 종잣돈으로 1억 원 넘게 모았던 듯해.

혜경 맞아. 열심히 모아서 약국에서 센터에 처음에 1억 4천만 원을 넘겨줬어.

진숙 지나고 보니 그때 약사들 월급도 좀 올리고 복지에 신경써야 했는데 종잣돈 모으는 거에 너무 집중했던 것 같아. 뭔가 하려면 돈이 필요하니, 우리가 희생해야 한다는 생각이었지.

현옥 그 시대에는 그랬죠.

혜경 약국 개국하고 한 10년 동안 약국에서 할 만한 건 다 해본 것 같아. 의료보험 통합 공대위 활동을 하며 연구소 필요성이 고민됐고. 그러다 1997년 IMF 때 파랑새나눔터 모임 활동이 건강복지센터로의 방향 전환에 영향을 끼친 듯해. 복지가 제대로 되어야 건강도 따른다는 사실을 체감한 거지.

진숙 당시 자료를 보니 혜경이 말이 맞네. 우리가 연구소 역할에 대한 논의를 계속하다가 1999년에 구로건강복지센터를 최종 결정했지. 그때 다음과 같은 멋진 말도 남겼네! "지역 보건의료의 개선은 보건의료인뿐만 아니라 주민, 사회단체의 힘을 모아 함께 풀어나갈 수 있다고 평가하고 이를 담을 수 있는 구조가 구로건강복지센터라는 일상적 활동체라고 합의하였다."(다 같이 웃음)

혜경 센터를 본격적으로 준비하면서 진숙이랑 나랑 무엇부터 어떻게 해야 하는지 몰랐어. 지역에서 같이 활동한 구로시민센터를 찾아가서 '우리가 보건복지 관련 단체를 만들려고 고민하는데, 이런 걸 같이할 생각인가' 상의했어. 다른 단체들도 찾아가고 물어보고 했는데 그 단체들은 지방자치 이런 쪽 활동을 하니 우리랑 연결고리를 찾기 힘들었지. 그래서 우리가 먼저 독자적으로 시작해 보자, 이렇게 된 거야. 처음에는 센터의 비전을 글로 표현하고 강령 이런 걸 만들어야 하는데 그게 가장 어렵더라고. 개소식 준비하고 인테리어하고 이런 건 약국을 벗어난 일이어서 나름 새롭기도 해서 재밌었어.

 지나고 보니 센터 이사장 역할이 혜경 약사님에게 잘 맞는
일이었어요. 혜경 약사님이 다양한 사람들을 만나고 지지해
주고 격려하는 일을 잘하고 좋아하잖아요. 새로운 활력소가
되면서 잘 맞았던 것 같아요.

 약국에만 있어서 나도 내가 그런 걸 좋아하는 줄 몰랐어. 그
래도 그때 운이 좋았던 건 2000년에 의약분업을 시작하면서
건치, 인의협, 청한에서 지역사업에 관심을 가졌다는 점이야.
우리가 지역에서 센터를 만드니 우리한테 관심이 집중되었
어. 구로에서 뭔가를 해 보자며 구로 지역 보건의료 네트워크
를 구성해 파랑새나눔터 모임 아이들 건강검진 사업을 했지.
파랑새에 그치지 않고 지역의 아동들이 이용하는 모든 시설
들을 다 섭외해서 아이들 검진을 했어. 그때 동네의 모든 의사

센터 2주년기념
아동건강
지원사업
발표회 모습,
2002

88

를 다 만난 거 같아. 의사들한테 "이런 거 하려는데 같이 참여하시면 어떻겠어요?" 그러면 다 대부분 좋다고 하시더라고. 의사들 다 만나고 기관들 다 만나고 그랬어.

소희 저는 센터 원년인 2000년부터 약국에서 근무했어요. 약국과 센터가 동시에 돌아가면서 매일 12시간씩 약국 근무를 했어요. 돌발성 난청이 생길 정도로 열심히 일했던 기억이 나네요. 약국이 잘되면 센터 후원금도 늘어나고 상담복지센터 위탁을 고민할 때도 약국에서 일정 부분 재정을 책임지기가 가능해져 뿌듯했어요.

현옥 난청까지 생기다니….

약국의 미래 상상하기

—————— **진숙** 소희 약사님은 학교 다닐 때 학생회에 소개된 우리네약국 활동을 보고 약국에 관심을 가졌다고 들었어요. 약국 근무 여섯 명 약사 중 혜경이 다음으로 25년 장기 근속자이고요, 2016년부터 지금까지도 쭉 대표 약사인데, 우여곡절이 많았을 것 같아요.

소희 혜경 약사님이 저보고 대표 약사를 맡으라고 했을 때 솔직히 부담이 컸어요. 혜경 약사님 그늘이 계속 좋았지만 이젠 빚

언론에 보도된 우리네약국,
《구로타임즈》 2001.4.1

을 갚을 때가 되었다는 사명감 같은 것도….(다 같이 웃음) 2000년 의약분업 시행 이래 우리 약국 주변에는 병의원이 없어서 약국 경영이 계속 어려웠어요. 그래서 저는 경영에 집중했어요. 약국으로 살아남기가 최우선 과제였어요.

진숙 약국에 지역활동하려고 왔는데 약국 경영에 집중하느라 약국을 벗어나기 힘들었겠네요.

혜경 맞아요. 내가 센터 활동에 집중 가능했던 건 소희 약사님 덕분이 아주 컸어요.

소희 저는 약국 근무도 활동이라고 봤어요. 우리 약국은 이윤을 떠나 환자 입장에서 꼭 필요한 약을 상담하고, 수익금을 센터 활동에 환원하는 구조잖아요. 그런 약국에서 오래 근무했기에 이 약국이라는 공간이 정말 소중해요. 제가 아까 살아남기가 최우선이라고 했잖아요. 우리 약국의 원래 취지를 생각하면, 지역주민과 오래 함께하면서 언제라도 편하게 와서 얘기 가능하도록 약국을 유지하는 것 그 자체가 중요하다는 생각이었어요.

진숙 혜경이도 정년을 맞을 텐데, 소희 약사님은 약국의 미래를 생각해 보셨어요?

소희 아직은 실감을 느끼지 못해요. 겁도 나고요.

혜경 우리가 약국 활동을 좀 더 체계적이고 전문적으로 하고 싶어서 센터를 만들었잖아요. 그 당시의 요구에 따랐던 거죠. 그런데 요즘은 이런 생각을 해요. 센터가 아니었더래도 약국이 지금까지 유지되었을까? 센터가 활동을 이어간 덕분에 약국도 그 존재이유가 명확했던 것 아닐까? 그러나 언제까지 약국의 센터지원 역할이 지속 가능할까? 기타 등등의 질문들이 계속되네요.

진숙 질문들을 들으니 저도 갑자기 떠오르는 생각이··· 센터의 현재 사업들은 큰 이변이 없는 한 관성의 법칙에 따라 당분간 굴러갈 것 같아요. 약국도 혜경이가 그만두더라도 지금처럼 안정적으로 운영되려면 새로운 약사를 영입해야 할 텐데요. 새 약사들은 센터 활동을 지원하는 약국이 아니라 약국 자체의 활동에 매력을 느껴야 오지 않을까 싶어요.

소희 약국 자체의 활동은 아직 잘 모르겠지만 고민이 필요한 것 같아요. 저도 아이가 고3 입시가 끝나고 여유가 생기면 조금씩 생각해 봐야겠어요. 약국 활동에 공감하고 함께 하고 싶은 새로운 약사들이 오도록 여러 시도가 필요할 때가 온 거 같긴

약사를 넘어
복지사 역할까지,
약국을 넘어
센터에서 계속된다,
《한겨레신문》
2003.7.20

하지만… 제가 약국이나 센터의 활동을 이어 가는 책임을 느껴야 할까요?(웃음)

혜경 소희 약사님한테만 책임감을 느끼라고 말하면 안돼죠.(웃음)

소희 혼자만의 책임은 아니지만 새로운 시도에 대한 제안은 해 주심이 좋다고 생각해요. 고민을 해보는 게 저한테 부담이 아니고 긍정의 면으로 생각하면 좋은 거잖아요. 내가 몇십 년간 함께한 약국과 센터의 미래에 대해 '너도 고민을 해 보라'는 제안은 강요만은 아니라고 생각돼요.

혜경 난 소희 약사님이 부담을 느낄까 봐 조심했는데 소희 약사님이 기꺼이 받겠다고 하니 너무 반갑고 고맙네요.

진숙 맞아. 가장 반가운 말이네. 시간은 좀 걸리더라도 새로운 약사님을 모셔오도록 우리 약국만의 매력을 같이 고민해야겠다. 소희 약사님 외부 활동 시간도 보장해서 여기저기 견문도 넓히고 충전도 가능하도록 하고….

소희 막내인 제 생각도 물어 보시고 약국 생활에 관심도 가져 주셔 감사해요. 이번 책을 함께 만들면서 새롭게 좋은 경험을 하네요.

현옥 센터의 본격적인 활동 이야기로 이어가 보죠.

새로운
도약

구로건강복지센터 설립

———————— 구로건강복지센터의 설립으로 1990년대 우리 네약국의 지역 보건의료 운동은 2000년 새천년을 맞아 복지 영역까지 확대하는 발판을 마련하게 되었다. 2000년 2월 26일 창립 기념식에서는 다음 비전을 발표하며 출발 의지를 다졌다.

"구로건강복지센터는 구로 지역사회 주민의 건강권과 복지 확대를 위해 노력하고 특히 보건복지 영역의 권리를 누리지 못하는 계층을 위한 지원 활동을 행하며, 지역 내 보건의료, 복지 실태를

설립 당시
구로건강복지센터
모습

연구, 조사하고 올바른 대안 제시와 실현을 위해 노력하며 그 과
정을 통해 건강한 복공동체 실현을 그 목적으로 한다."

　센터의 취지에 함께하려는 지역주민과 단체, 선후배 등 지인
들의 후원금 700만 원과 약국 출연금 1억 4천만 원을 모아 가리
봉동 성당 신협 3층에서 그 첫발을 내디뎠다.

　약국을 기반으로 지역활동에 전념하던 약사들이 약국을 벗어
나 새로운 단체를 만들어 활동하겠다는 것은 나름 용감한 시도
였다. 지역 보건복지 활동으로 당시 참고할 만한 선례를 못 찾는
상황이었다. 그럼에도 불구하고 센터가 보건복지를 주제로 활동
을 시작한 것은 우리네약국이 10년 동안 주민들과 쌓은 신뢰에

구로건강복지센터
창립 기념식,
2000.2.26.

기반했기에 가능했다고 생각한다.

"건강한 구로사람들을 희망하며 구로건강복지센터를 설립합니다." 2000년 2월《우리네건강세상》1면의 센터 설립 홍보문이다.

창립기념식에서
발언하는
박혜경 이사장

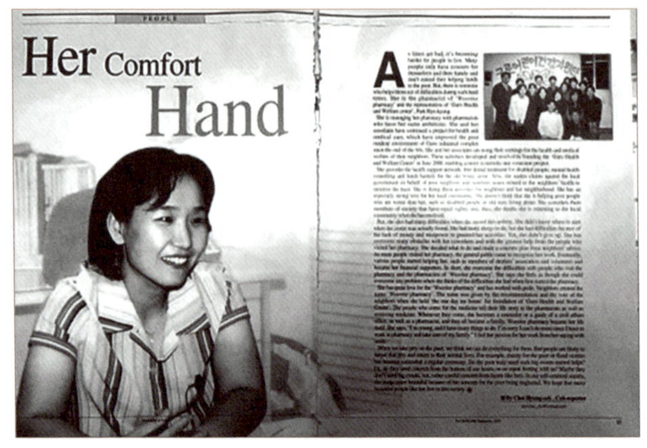

언론에
보도된 센터
박혜경 이사장.
The Newsline
(인천대학교
영자신문)
2003.9 09

센터는 2002년 서울시에 비영리 민간단체로 등록했지만, 후원회원 확보와 외부 프로젝트 공모 신청을 위해 사단법인 설립을 추진하기로 했다. 2004년 6월 서울시로부터 사단법인으로 허가를 받았다. 법인설립 당시 1억 원을 출연기금으로 신고했고, 2012년 1억 6천만 원 전세금 전체를 출연기금으로 재신고했다. 2005년 7월, 재정경제부의 지정 기부금 단체로 지정받아 후원회원 세제 혜택이 가능해져 후원인 모집에 큰 힘이 되었다.

센터의 26년 활동을 어떻게 구분해서 정리할까 고민하다, 센터의 주요 사업들을 일단 연도별로 살펴보기로 했다. 약국 활

---

09. "장애인 치과진료, 어르신 도시락배달 등 지역활동이 쉽지는 않았지만 함께하는 치과의사 선생님, 청소년 자원봉사자들이 있기에 보람찼어요"

오랜만에 센터 역전의 용사들이 함께 모임. 왼쪽 앞부터 시계 방향으로 서윤미, 이해령, 심수현, 정애랑, 김현옥, 김미영, 박혜경[10]

동은 약사들이 약국 근무 외 시간을 할애해 진행했기에 전문성과 지속성, 사업의 깊이에 한계를 갖기도 했다. 한편 센터는 해당 사업에 전문성을 갖춘 사무국장이 상근하며 사업을 기획하고 추진하였다. 당연히 사업 내용이 다변화하면서 결과에서도 질적인 성과를 보여주었다.

우리는 당시 사무국장(또는 센터장)들을 차례로 만나면서 26년 시간을 거슬러 올라갔다.

현재는 센터를 떠나 다른 곳에서 일해도 그때 그 시간을 소환해서 나누는 과정은 모두에게 기쁨이고 감동이었다. 이 책 서두의 〈들어가는 글〉에서 소개한 대로 인터뷰는 다섯 차례 진행되

10. 인터뷰는 2025년 5월 30일 구로동 한 카페에서 진행

었다. 이제부터 센터 26년 이야기를 풀어 본다.

센터가 2000년 2월에 개소하여 지역에 자리를 잡아나가는 과정에서 센터 초기 사업들을 함께 추진한 당시 사무국장 두 분을 만났다. 두 국장님을 인터뷰하면서 이 시기는 센터의 청소년기 같다는 생각을 했다. 청소년기에는 자기 정체성을 찾기 위해 호기심이 충만하며 주변 사람들에게도 선뜻 손을 내밀며 용기내지 않는가. 어른들도 청소년들이 가지는 본래의 싱그러움과 패기에 기꺼이 손을 잡아 격려를 아끼지 않던 경험을 한 번쯤은 품었으리라.

20년이 지난 시간임에도 "당시에 제가 하자는 건 거절하지 않고 다 따라 주셨다"는 서윤미 국장의 말은 주위 사람들의 사랑을 듬뿍 받던, 자존감 뿜뿜한 아이들만이 증언 가능한 멘트였다.

센터 1호 사업, 독거 어르신 지원

——————— **현옥** 미영 님은 센터 준비를 1999년 말부터 함께하셨는데 처음에 사무국장 제안을 받으셨을 때 어땠어요?

미영 구로에 살며 약국을 계속 봐 왔고 당시 10년이 되어가던 약국이 뭔가를 해 내기에 딱 적당한 때다 싶어서 제안을 받아들였지. 푸른치과 상담소에 있을 때도 지역 건강관련 사업을 해

보고 싶었거든. 푸른치과 상담소에 상근할 때 우리네약국, 구로한의원, 구로의원이랑 같이하던 **구보의**(구로지역보건의료인모임) 활동을 제대로 못 한 채 그만두어 아쉬웠었어.

현옥 센터 일이 예전에 하시던 푸른치과 상담소 일과 연관성을 가졌나요?

미영 푸른치과에서는 노동조합하고만 일을 했으니까 직접적으로 연관되는 것은 아니었지.

현옥 센터에서 제일 처음 했던 사업이 뭐였죠?

혜경 2000년 4월에 구로시민센터와 공동으로 구로3동, 가리봉동 거주 독거노인 조사사업을 프로젝트로 받아서 했어. 현황 조사하고 가정 봉사원 파견하고. 그때는 IMF로 일자리가 많이 줄어 어려운 분들이 많았거든. 구로구에서는 그런 분들 교육해서 공공근로 일자리를 개발 중이었는데 여성인력개발센터가 그런 일들을 맡으면서 센터에 제안한 거야. 그래서 독거노인 실태 조사하고 필요한 서비스를 파악해서 봉사원 파견하는 사업을 1차, 2차에 걸쳐서 했지.

미영 조사사업에 이어 독거 어르신 건강지원 사업으로 도시락 배달[11]을 했어. 쪽방 같은 데로 가서 도시락 나눠 드렸거든. 처

---

11. 2000년부터 2019년까지 성공회 영등포푸드뱅크 후원으로 매주 2회(화, 금) 주거환경과 경제 형편 어려운 노인 대상으로 도시락을 지원함

도시락을
배달하는
김미영 사무국장

음엔 나랑 자원봉사 1–2명이 같이 하다가 자원봉사로 온 지역 청소년들이 맡았어. 봉사자가 부족하면 혜경 약사, 소희 약사, 애랑 약사도 같이 하고.

혜경 그때 청소년들 봉사가 계속되어 우리볼 봉사모임이 만들어진 거야. 도시락 배달도 하고 어르신들 말벗도 해 드렸지.

도시락 배달
어르신들과
함께한
서울대공원
나들이, 2002.9

구로장애인주말치과진료소

현옥 구로장애인주말치과진료소는 어떻게 시작하게 됐어요?

혜경 센터 홍보를 열심히 했더니 보건의료 단체들이 지역사업에 관심을 보이면서 센터 안에 구로지역 보건의료 네트워크가 만들어졌어요. 건약, 건치, 인의협, 청한에서 회원들을 파견해 주어서 함께 진행할 사업들을 고민했어요. 파랑새공부방 아이들을 비롯해 IMF로 어려워진 가정 아동들을 대상으로 건강검진을 했어요. 2001년 건치에서 장애인 치과진료사업[12]을 같이 해 보자 제안했고 우리도 좋다고 하면서 시작한 거예요. 구로구 다음에 관악구에서 하고 호응이 좋아 강동, 위례로 확대해 나갔죠.

현옥 미영 국장님이 구로장애인주말치과진료소 1차(2001), 2차(2002) 시범사업 진행하셨고, 2003년에 상설진료소 개소식 준비와 초기 세팅 작업까지 하신 거죠?

미영 맞아. 내가 그만두고 윤미 씨가 이어받았지.

혜경 당시 윤미 씨가 졸업 후 첫 직장으로 우리 센터에 왔는데

---

12. 건치는 1999년부터 장애인 구강 건강권 확보를 위한 정책사업을 시행. 건치 중앙에서는 장애 유형별 구강건강 실태 조사와 연구 활동을, 지역에서는 중증장애인 치과 진료사업을 병행함

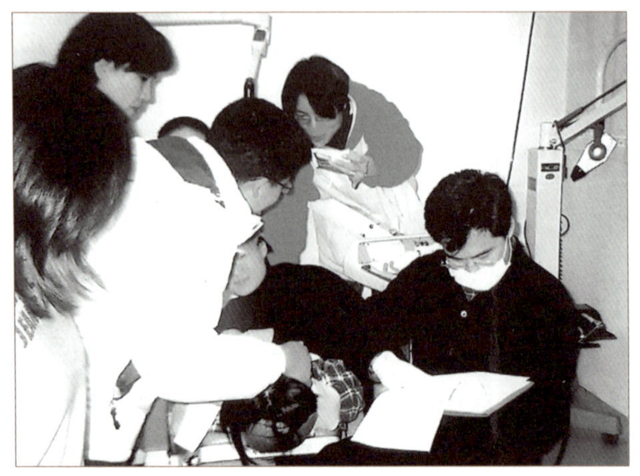

센터에
치과 진료장비
설치 후 진행한
구로장애인주말
치과진료소
2차 시범사업,
2002.11-2003.1

어땠어요?

윤미 대학 때 반상근으로 활동했던 곳이 여민회였고 거기서 여성 운동 관련한 일들을 배웠어요. 다음에는 대전 참여연대에서 시민단체 활동을 해보니 재밌고 저한테 잘 맞았어요. 졸업하고 서울로 와야 할 상황이었는데 서울에 대해 하나도 몰랐지요. 서울에서 태어나긴 했지만 아버지가 군인이셔서 이사를 많이 다녀 서울을 전혀 몰랐어요. 대학에서의 경험상 시민단체 활동이 저에게 맞는 것 같아서 알아보다가 여기 센터를 보고 느낌이 왔어요. 만날 운명이었던 것 같아요.

저는 저랑 인연이 맞는 곳에서는 좋은 느낌을 받아요. 우리가 가건연(가난한이들의 건강권확보를 위한 연대회의)에 참여했잖

구로장애인주말
치과진료소
개소식
(2003.3)에서
인사말 하는
김창균 선생님

아요. '누구나 건강할 권리를 가지고 있다'는, 그런 당연한 얘기인데… 그걸 지역에서 한다는 게 내 마음에 뭔가를 건네는 문구 같았어요. 활동 방향과 사업에 끌렸고 동네에서 한다는 게 좋았어요.

저는 사회복지사 1급 자격증을 가지고도 기관에서 일하겠다는 생각은 안 했던 것 같아요. 당시 독거 어르신 집에 가 봐도 그렇고, 학교 밖 청소년들이 가출해서 공중화장실이나 계단에서 자는 애들이 상담소에 오는데… 그런 지역에서 활동하며 가건연이랑 전국 지역 복지운동 단체 네트워크 가고, 거기서 인의협과 건치 선생님들 만나면서 같이 활동하는 게 재밌었어요. 20년 전이니까 그때 완전 젊을 때여서 더 재밌었나 봐요.

혜경 장애인 치과사업에는 특히 더 애정을 가졌던 것 같은데요. 치과 진료에 필요한 공간이랑 장비 사려고 모금 운동도 열심히 하고.

윤미 맞아요. 제가 담당하기도 했어서요. 보통 장애인들은 이중 삼중의 차별 속에 놓이잖아요. 장애인 치과진료는 소외와 차별받고 있는 장애인을 위한 것이라 당시에 정말 획기적이고 선구적이라 생각했어요. 구로에서 정말 성공적이었는데 그걸 했던 게 저에게는 엄청나게 감사한 기억이에요. 그때 맨날 아이들 데리고 왔던 그 단체 이름이 뭐였죠?

미영 별바라기 주간보호센터.

윤미 맞다. 별바라기 주간보호센터 선생님들이 항상 아이들을 데리고 오셨죠. 20년 전에 장애 아이들이 치과진료 받으러 어디를 갔겠어요. 장애 아이들 치료하는 과정 자체가 위험하잖아요. 그 위험을 감수하더라도 필요한 일을 해야 한다고 생각해 많은 분이 매달렸지요. 그 일을 하면서 많이 배우고 한편으론 되게 재밌었어요. 정말 선구적인 사업이었어요. 그게 구로구 보건소로 넘어갔는데 잘 되는지 궁금하네요.

혜경 보건소로 넘길 당시에는 치위생사만 상근하고 치과의사는 돌아가면서 봉사하는 형태로 유지했어요. 나중에 반상근 의사로 바뀌고 모자라는 인력은 구로구 치과의사들로 충원했어요. 현재는 치과의사 1명이 일반 진료와 장애인 진료를 병행하는 체제로 운영하는 것 같아요.

윤미 그거 생각나요. 가까운 곳에 치과의원 새로 생기면 이사장님이랑 같이 인사 갔어요. 가서 '우리 이런 진료소 합니다, 봉사활동을 돌아가면서 하는데 참여 가능하시냐' 물어봤지요.

현옥 치과의사 분들에게 모르는 사람이 찾아가서 그렇게 봉사활동 해 달라고 제안하면 반응이 어땠어요? 사실 모르는 사람이 그러면 좀 귀찮아할 듯한데요.

혜경 처음엔 건치에서 조직해 줘서 건치 모임에 우리가 가서 얘기했지.

윤미 건치든 동네치과든 이사장님이 '봉사활동 하실 거죠?' 그러면 대부분 참여하시겠다 하시더라고요.(다 함께 웃음)

현옥 윤미 씨랑 혜경 약사님이랑 같이 다녔어요?

혜경 윤미 씨가 자료 만들면 같이 가서 얘기했지.

현옥 주로 건치 의사 선생님들 몇 분만 계속하신 줄 알았어요.

윤미 계속하시던 분들이 고정적으로 오랫동안 하시니까 신규 발굴을 해야 한다는 얘기가 나왔어요.

혜경 처음에는 건치 의사들만 하다가 그 정도로는 부족해지니까 구로구 치과의사회랑 적극적으로 협력했지. 나중엔 치과의사회로 들어오라고 해서 건치 선생님들이 구로구 치과의사회

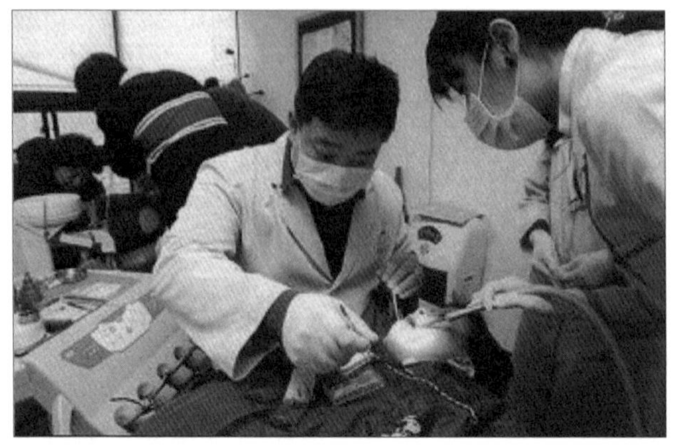

센터의
구로장애인주말
치과진료소에서
진료 중인
김정우 선생님

활동을 같이했어요. 네트워킹을 잘한 것 같아요.

윤미 그때 진료하신 의사 선생님들이 정말 좋으셨어요. 진료 후 설명도 잘해 주시고. 장애인 이동 도와주는 한화무역 자원봉사자들이 치과 치료에 대한 걸 알아야 하니까 그분들에게 치과에 관련된 기본 교육도 필요했어요. 운영위원회에서 돌아가면서 한화무역 봉사자들에게 저녁에 교육하고. 장애인들과 대화하려고 수화를 배웠어요. 회원들 송년회 때 수화로 공연도 하고요.

현옥 무슨 공연이요?

윤미 〈울면 안돼〉 〈루돌프사슴코〉 노래를 수화로 공연했어요. 참 다양한 일들을 하셨죠.

현옥 윤미 씨가 제안하는 건 거절하지 않고 다 하신 것 같아요.

윤미 네. 진짜 다 하셨어요. 본인 치과에서도 안 하던 걸요.

현옥 선생님들 대단하시네. 정말 너무 착하신 거 아니야? 그분들 얘기를 좀 들어봐야겠네.

혜경 근데 그분들도 되게 재밌어하셨어. 선생님들도 그때가 제일 빛나고 행복했던 시절이라고 기억하셔. 진료소를 보건소에 넘기고 해령 씨가 제주도 여행을 같이 가자고 해 제주도 여행을 몇 년 같이 갔어요. 1년에 한 번씩 3번 정도 갔지. 지금도 1년에 1-2번은 같이 만나요.

미영 구로구 약사회에서도 도움을 많이 줬어요. 현금 지원도 하고.

혜경 맞아요. 여러 번 도와 주었죠.

현옥 구로지역 보건의료 네트워크를 중심으로 장애인 치과진료, 요보호아동 건강검진사업들을 했네요.

혜경 맞아. 파랑새를 포함해 여러 아동보호 시설의 아이들을 모아 1차 128명, 2차 195명을 진료했어요. 정신건강 지원사업으로 심리 검사와 상담 치료도 함께 했어. 장애인 치과진료는 1-2차 시범사업하고 2003년에 정식 개소했어. 더 좋은 공간에서 제대로 치과 진료를 해보자며 '희망의 공간 마련을 위한 5,000장 벽돌쌓기' 후원 행사를 열었지.

공간도 새로 마련해야 하고 치과 장비도 더 필요해서 후

요보호아동
건강검진사업을
진행한
구로어린이건강
지원단 송년회

원금이 많이 필요했어. 우리가 "장애인도 좋은 곳에서 진료받을 권리가 있다, 그런 진료 환경을 만들자"고 강조했어. 한쪽에서는 후원금을 모으며 사업을 지원하고, 다른 한쪽에서는 이런 사업을 공공 영역에서 받아야 한다며 구청에 계속 알리는 활동을 계속했지.

윤미 오스템에서 기계를 받아 오고, KT&G에서 차를 받아 오고… 프로젝트 하는 것마다 다 잘됐어요. 공간 마련에 돈이 많이 들어서 열심히 프로젝트 지원해서 받았어요.

혜경 당시에 윤미 씨가 나한테 한 번도 돈 걱정 얘기를 안 했어. 요즘 자료를 정리하려고 지난 소식지를 보니까 잔액이 항상 100만 원대인 거야. 재정 상황이 좋지 않았던 거지. '아, 이래서 윤미 씨가 후원의 날 행사를 하자고 그랬구나' 알았지. 약

112

국에 더 후원해 달라는 말은 한마디도 안 하고.

윤미 이미 약국에서 많이 주셨어요. 많이 주셔서….

현옥 아이고, 윤미 국장님이 살림하느라 힘들었구나.

윤미 그래도 후원의 날 진짜 잘되지 않았어요?

혜경 진짜 잘했지.

윤미 첫 번 후원회 때 찍은 단체사진이 계속 기억나요. 술을 너무 많이 마셨죠. 너무 좋아서 막 술을 마셔서는….(모두 웃음)

현옥 후원회를 몇 번 했는데 요즘은 안 하시는 것 같아요.

혜경 그렇게 몇 번 하니까 너무 힘들어서 이젠 못 하겠어. 몇 달을 계속 연락하면서 후원해 달라고 말해야 하고 광고 따러 다니고…. "저희 후원의날 하는데 100만 원만 주세요, 50만 원만 주세요" 이랬는데…이런 거 이젠 못 하겠더라고.

윤미 그때는 사업을 활발하게 시작하는 단계여서 그렇게가 가능했죠. 센터 설립한 지 5년 만에 한 거니까 웬만한 분들은 많이 후원해 주셨죠.

혜경 이제 후원회원들도 나이 들고 정년퇴직이라 후원이 끊어질 상황이야. 현직이 아니면 부담 될 테니 이제 그 부분이 걱정이지.

현옥 제가 센터 초기에 이사회 감사를 하고 나중엔 이사를 하면서 장애인 치과 진료사업을 계속 봤는데 참 신기했어요. 이렇게 자리를 잡고 커질 줄 몰랐거든요. 상상했던 것보다 훨씬 커지니까 되게 놀랍더라고요. 작은 사단법인에서 지역의 장애인 치과진료를 이렇게까지 활발히 진행하네 싶어서요. 구로구 보건소에 넘길 때는 많이 아쉬웠을 것 같아요.

미영 처음부터 이건 보건소에서 해야 하는 일이라고 생각했었지.

혜경 넘길 때쯤 지친 상태였던 것 같아. 자원봉사 10년이란 게 쉽지 않더라고. 장애인 전문 치과의원을 아예 만들어야 할까 생각할 정도였어. 지금 같으면 만들었을지도 몰라. 당시 건치는 진료소 사업을 하면서 장애인 구강 건강권 확보를 위해 각종 매체의 인터뷰를 적극 활용했어.

내 기억에 MBC 〈뉴스데스크〉, 《한겨레신문》, 《오마이뉴

수원여대
치위생학과
동아리
'해담이'의
치위생 교육

스》 등에 다양하게 보도됐던 거 같아. 동시에 보건소에서 장애인 치과 진료사업에 관심 갖도록 구의회에 구정 질의하고 구청장에게도 제안했어. 그런 모든 노력의 결과 10년 만에 민간기관인 센터에서 시작한 사업이 공적인 보건소 사업으로 넘어가는 큰 의미를 남겼지. 막연하게 생각했던 장애인 구강 건강권이 이렇게 구체화했구나 생각되니 지금도 감동이야.

환자를 업는 치과의사

──────────── 시민치과의원 김길준 선생님과 약국의 인연은 2001년 6월 '구로지역 장애인 구강건강검진 및 치과진료사업'에서 시작됐다. 이 사업은 센터와 건치가 함께 중증장애인 생활시설 '브니엘의집'에 임시진료소를 만들면서 시작되었다. 2011년에 문을 닫을 때까지 10년간 사업을 이끌어 간 김길준 선생님과 서윤미 사무국장을 만나 그 시절을 돌아보았다.[13]

혜경 첫날은 전쟁터인가 싶었어요. 무서웠어요. 애들이 소리를 너무 크게 지르고 안 하려고 막 도망가고. 어렵게 어렵게 아이 입안에 잔뜩 낀 음식 찌꺼기를 제거했지요. 치과진료가 처음

───

13. 인터뷰는 구로동의 한 카페에서 진행, 2025.10.30

이라는 엄마들 이야기도 들렸지요.

길준 치과 장비들에서 나는 소리가 큰 데다 아이들은 모르는 사
람투성이니까 더 무서웠겠죠.

혜경 브니엘의집에서 1차 시범사업을 3개월 하고, 2차 시범사업
은 우리 센터에서 했죠? 시범사업 진행하면서 이제 임시진료
소가 아니라 상설진료소를 하자고 마음이 모였어요. 마침 센
터 운영위원인 이선영 선생님이 치과 진료의자 하나를 센터
에 기증해 주셨어요.

상설진료소를 센터에 꾸리기에는 센터 사무실이 외진 곳
에 위치하고 계단이 많아 좀 어려울 것 같았어요. 복지관을 섭
외해 보자고 했는데 복지관이 주말에 하는 사업은 어렵다고

했던 것 같아요. 치과의사들은 주말에만 시간이 되니 센터에 진료의자를 설치하고 주말에 진료를 하기로 함께 준비했어요. 그 무렵에 우리 윤미 국장님이 오신 거고요.

길준 그때 그 아주머니 성함은 기억 못 하겠는데 체격이 진짜 크신 분을 업고 올라갔다 내려왔던 기억이 나네요. 그때는 내가 젊었어. 장애가 있는 분들이라 센터 3층까지 올라오는 일이 참 힘들었어요. 건물 바깥쪽에 붙은 계단이 가파르고 폭이 너무 좁아 누군가 한 사람이 업어야만 했어요. 제가 가끔 구로구청 근처에 밥 먹으러 가면 1년에 한두 번은 그 아주머니를 만나서 인사를 나눠요.

지금 생각해 보면 진짜 아무것도 없이, 매뉴얼도 없었어요. 우왕좌왕… 진료 장비 세팅해 놓은 것도 그렇고, 난장판도 그런 난장판이 없었어요. 사람은 많고, 환자와 보호자, 자원봉사 오신 분들…. 당시엔 우리 진료소가 상설진료소로 바뀔지에 대한 관심이 높았어요. 물론 그때도 일반치과에서 장애인 진료를 하는 분들도 계셨지만 장애인 만을 위한 상설진료소가 과연 만들어질까에 대한 관심이 많았죠.

애랑 비장애인도 치과진료는 겁나고 피하고 싶은 시간이잖아요. 장애인들은 치과진료가 더 낯설 텐데 장애인을 진료하는 일은 더 어려웠을 것 같아요.

길준 나는 내 치과의원 초창기부터 어린이 진료를 많이 했어요. 장애인들은 몸집이 커진 것밖에 없다고 생각해요. 애들도 치료받으면서 막 움직이고 울기도 하잖아요. 애들은 잘 달래고 어르고 보호자의 협조를 받아 치료에 들어가면 돼요.

반면에 장애인은 의사소통이 어렵기는 하죠. 당시 대부분의 장애인 치과진료의 범위는 되게 좁았어요. 간단한 보존치료, 충치치료, 발치, 스케일링 정도였어요. 초창기에는 어려운 신경 치료와 보철은 안 했어요. 간단한 진료니까 사실 크게 부담되지 않았어요. 제가 교회에서 외국으로 진료봉사 갈 때도 단기간에 가능한 진료는 발치와 충치 치료 두 가지 뿐이지요.

혜경 2004년부터 2009년까지 방문진료를 했죠? 선생님이 많이 가셨더라고요.

길준 제가 토요일에 쉬니까요. 평일에 갈 때도 2시간 정도는 시간을 냈지요. 대부분 와상환자잖아요. 허리를 다치거나 다른 이유로 거동 못 해 치과에 못 오는 분들이죠. 그때는 장애인 택시도 안 다녔으니 사각지대 환자들이죠.

애랑 진료소 초기에는 김창균 선생님이 진료소 대표를 맡으셨고, 2007년부터 선생님이 진료소 대표를 쭉 하셨는데 힘드시지 않았나요?

길준 힘든 게 육체적인 면과 정신적인 면인데 그때는 지금보다

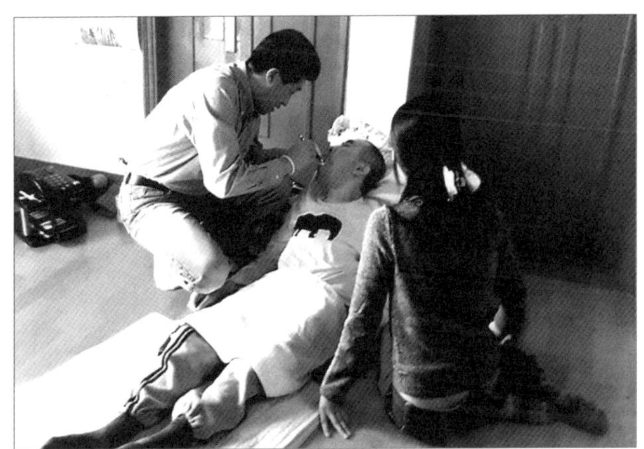
장애인 치과
방문진료 모습

훨씬 젊어서 그랬는지 모르지만 힘들지 않았어요. 사실은 개업하고 나서 우연히 동네 쪽방촌을 둘러보고 깜짝 놀랐어요. 거기 사시는 분들이 너무 힘들어 보이는 거예요. 동사무소 사회복지 담당에게 가서 많이는 못 해도 한 달에 한 번 틀니를 해드리겠다고 했더니 깜짝 놀라더라고요. 내가 이 동네에서 개원한 의사니까 동네에 환원해야겠다고 생각했어요.

애랑 우와! 자발적으로 주민센터를 찾아가셨다고요? 주민센터 담당자가 놀랄 만하네요. 선생님의 그런 마음이 진료소로 이어진 건가요?

길준 주말 진료를 하고 집에 갈 때면 '내가 좋은 사람이구나' 같은 생각이 들어요. 내 만족이기보다는 내 속에 이런 선한 신념이 존재하고 '내가 이런 심성을 가진 사람이었어'라는 생각이 드는 거예요. 내가 내 치과의원에서 일할 때는 병원장이니 수익 창출을 목표해요. 물론 정말 꼭 필요한 진료만 적정한 비용으로 치료하는 게 제일 바람직한 원장의 모습이죠.

그러나 내 치과 밖에 나와서 하는 모든 진료는 수익과는 무관하잖아요. 그러니까 오히려 내 속의 선한 마음들이 나타나기 시작해요. 사실 그런 걸 안 하면 내 속에 선한 마음이 존재한대도 그걸 느끼지 못하는 거죠. 그럼 묵히는 거예요. 장애인 진료도 그랬고, 이주노동자 진료도 하고 나면 나 스스로 자신에 대한 어떤 뿌듯함 같은 거… '그래 나는 선한 심성을 가진 사람이었어'라는 걸 깨닫게 되지요."

애랑 진료만 하신 것도 아니잖아요. 운영위원 회의도 많았어요.

길준 그때는 안 된다고 하질 못했지요.(웃음) 진료 외에 회의도 기억에 남아요. 새벽 2시까지 진료소 운영위원회 회의하고 엠티 가고 월례회의, 상반기 평가회의, 하반기 평가회의, 장애인 분들이랑 여행도 가고, 한화무역에 가서 사회공헌팀 교육하고, 자원봉사자 교육하고, 아이고 숨차.(모두 웃음) 윤미 국장님이 하자면 당연히 하는 거고, 잘 하고 싶었어요. 함께하던 이들이 잇속 때가 묻은 사람들이 아니었던 것 같아요. 인간미를 가진 사람들이었어요.

한화무역
봉사단의
나들이 봉사

애랑 운영위원들이 수화를 배워서 센터 송년회 때 수화 공연도
했다고 들었어요.

길준 계속 장애인들을 만나니까 수화를 꼭 써야 하는 경우가 생
겼어요. 그리고 우리 치과에 장애 환자도 오니까 내가 수화를
배워야겠다고 생각했죠. 진료소에 다니시던 분 중에서 꽤 여
러분이 우리 치과에 오셨어요. 엘리베이터가 있고 비교적 가
까우니까. 2003년에 치과 인테리어를 했는데 진료소에서 다
치료하지 못한 환자들은 우리 치과에 오시라고 했어요. 치과
출입문을 휠체어가 드나들게 만들어 달라고 했어요. 그래서
출입문을 일반문보다 약간 넓게 만들었는데도 수동 휠체어는
충분히 들어오는데 전동 휠체어는 부딪히기도 했어요.

구로장애인
치과진료소
해단식,
2011.3

애랑 2011년에 구로구가 드디어 보건소에 장애인 치과를 개설했
어요. 10년을 이어 온 우리 진료소의 사업을 이어받은 거니 성
과라고도 보겠어요.

길준 진료소를 하면서 틈날 때마다 구청장, 보건소장 그리고 구
로구 치과의사회 회장을 만나 계속 건의했어요. 보건소에서
더 좋은 시설로 장애인 치과진료를 해야 한다고. 그런데 아쉬
운 부분도 남았어요. 보건소에서 장애인 치과진료를 하는 건
잘된 일이긴 한데요. 우리가 기대했던 건 장애인 치과진료 전
담의사를 두어 진료실 내 진료 뿐 아니라 방문진료도 하고 검
진도 하는 거였어요. 그런 의사가 분명히 계실 거라고 생각했
는데 안 되더라고요. 현재는 의사 한 사람이 일반진료와 장애
인진료를 같이 하니 조금 축소된 거죠.

　우리도 한동안 보건소 진료실에 계속 자원봉사를 갔어요.

토요일, 평일에도 가고…. 우리의 공공의료 시스템이 좀 더 튼튼해지고 전문인력이 충분히 배출되어야 해요. 일반 치과의원에서 진료가 어려운 분들이 공공의료에서 치료받도록요. 그리고 진료와 더불어 예방사업이 굉장히 중요해요. 이분들은 구강 관리가 더 안 되니까요. 사실 장애인 진료를 하기 전에는 사고에 대한 두려움을 가졌어요. 혹시라도 다루기 어려운 환자를 보다가 사고가 나면 내가 책임을 져야 할 텐데, 이런 두려움이죠.

저도 한 번도 가 보지 못했던 길이었기에 두려움 같은 걸 느꼈는데 막상 해 보니 크게 어렵지는 않았어요. 같이 하는 사람들이 많고 팀워크가 좋았어요. 진료 중에 과도한 움직임이 제어가 안 될 때 패드랩(신체고정용 포대)을 하는데 패드랩이 찢어질 때도 있어요. 그러면 누군가 잡아줄 사람이 필요한데 우린 그게 가능했어요.

밤늦게 집에 가면 피곤이 몰려들기도 하지요. 그래도 진료 끝나고 뒤풀이에서 수원여대 치위생과 동아리 학생들, 사회복지사, 한화무역 자원봉사단 등등…과 서로 친해지고 더 좋은 팀워크를 이루었지요. 우리가 가능한 대로 최선을 다했고 잘 됐어요. 다시 떠올려도 힘이 되는 젊은 날의 기억이네요.

가족지원상담실 운영

—————— 센터는 초기에 장애인 구강건강뿐 아니라 가족 정신건강을 위한 사업도 동시에 진행했다. 센터가 파랑새공부방의 운영위원으로서, 자연스레 아동과 청소년 지원사업 발굴에 관심을 갖게 되었다.

2002년부터 2년간 추진한 '구로요보호아동 정신건강 지원사업'은 다중 위기에 놓인 빈곤가족을 지원하는 가족지원 상담이 필요하다는 결론을 가져왔다. 센터는 2003년 '가족지원 상담실'을 개소하면서 정신건강 관련 상담기관이 전무하던 구로에서 전방위적으로 다양한 상담과 교육을 추진해 갔다.

학교로 찾아가는 상담, 학교 밖 청소년을 위한 집단상담, 시민상담교실, 상담 자원봉사 학교, 상담 자원봉사자 모임 '마음사랑' 운영 등 대상과 장소를 가리지 않았다.

상담 자원봉사자
모임 '마음사랑'
상담양성교육,
2008

마음사랑
활동 모습

구로구청소년상담복지센터 위탁기관으로 선정

———— 10년 동안 손으로 헤아리기 어려울 만큼 많은 사업에 전문가와 봉사자들이 어울려 신나고 즐겁게 해 나갔다. 이 정신건강 사업은 센터가 2012년 구로구청으로부터 '구로구청소년상담복지센터'(이하 상담복지센터) 위탁기관으로 선정되면서 시즌2를 맞게 되었다.

2009년부터 4년 동안 센터 4대 사무국장으로 함께 일한 이해령 사무국장과 인터뷰를 진행했다. 해령 국장은 센터가 상담복지센터 위탁기관으로 선정받고, 장애인 치과진료소 사업을 구로구 보건소로 이관하기까지 모든 실무작업을 진두지휘했다. 이 두 사업은 센터 같은 지역사회 내 민간 차원의 작은 시도가 공적

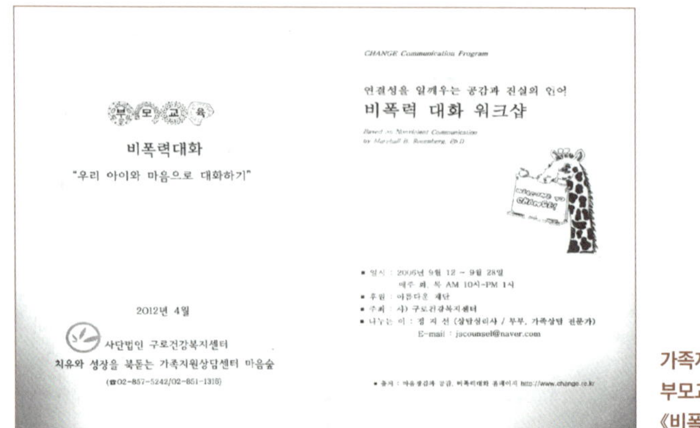

가족지원상담실의 부모교육 자료집 《비폭력 대화》

차원의 변화로 견인해 낸 사례들이어서 그 의미가 각별하다.

혜경 안산에 살기에 구로까지 오기 힘들었을 텐데 센터에 어떤 매력을 느꼈나요?

해령 첫 직장이 외국인 노동자 관련된 곳이었는데 되게 일하기 좋았어요. 제가 도움을 주는 역할인데 문제 해결이 되고 그러면 너무 뿌듯했어요. 근데 5년 정도 일했더니 소진이 되더군요. '왜 나는 계속 이 사람들을 도와야 하지? 이 사람들이 스스로 뭔가를 하는 건 안 되나?' 이런 생각도 들고…. 그래서 새로운 일을 찾느라 검색을 시작했어요.

구로의 단체인데 '지역의 주민이 뭔가를 한대요' 그게 너무너무 좋아 보였어요. '지역의 주민이 스스로 지역의 문제를 해결하네.' 그 말이 멋져서 '내가 뭔가를 도와주는 시혜적인 역할이 아니라 지역주민들만 잘 조직하면 지역문제가 해결되겠구나' 싶어서 여기 오게 되었어요.

제가 원래 일 중심적이라 사람들을 연결하고 소통하는 그런 성격이 아니에요. 그런데 여기 와보니까 이사장님도 그렇고, 약국도 사람들하고 소통하고 연결하는 걸 너무 자연스럽게 하시는 거예요. 여기 분들은 그게 당연한 거였죠. 근데 저는 '일을 하지 않는다면 사람을 왜 만나야 하지?' 이런 의문을 가졌던 사람이었어요. 그런데 장애인 치과진료소나 상담복지센터 준비하면서 정말 많은 분을 만났어요.

현옥 상담복지센터 위탁 준비할 때는 어땠어요?

해령 이사장님이 이걸 하겠다는 의지를 가지셨고 심수현 선생님은 모르는 분이었지만 도움이 필요해 연락하면 아주 적극적으로 도와 주셨어요. 위탁 준비한다고 얘기하면 지역의 단체들은 모두 "너희는 안 돼, 힘들 거야"라고 했어요. 제가 "왜 안 돼?" 물으면 "규모 면에서 다른 경쟁 단체와 게임이 안 돼, 하지만 너희 사업에서 진정성은 느껴져!"라네요. 그래서 다시 생각했지요. '진정성은 인정 받았으니 무엇을 어떻게 보완해야 할까? 제안서를 굉장히 잘 써야겠다'고 작정했지요.

'이건 어차피 국가에서 돈을 주는 건데 법인이 굳이 재산이 많거나 규모가 커야 되나?' 저는 여기에 동의를 못 했어요. 그래서 '우리가 사업을 얼마나 잘해 왔는지 자료를 준비하고 발표도 잘해야겠다'고 생각했어요.

2001년 무렵 센터가 처음 상담을 시작할 때는 상담의 필요성과 중요성에 대한 사람들의 인식이 부족했어요. 인식도 부족하던 그때부터 저희는 꾸준히 해 온 거지요.

그동안 해온 상담을 다 정리해서 서류로 만들었어요. 심사는 서류로 하니까 그걸 다 만들어서 보여줬고 발표 연습까지 했어요. 이사장님과 수현 선생님이 앞에 앉아서 제가 발표하면 코칭해줬죠. "그 얘기 빼고 이거 하면 좋겠다." 버벅거려도 저는 창피하지 않았어요. 피드백 받아서 다시 정리하고 또 발표해 보고…. 밤 11시까지 사무실에서 연습하다가 이사장님이 약국 끝나면 오셔서 저를 지하철 역까지 바래다 주셨어요. 막차 타고 안산에 내리면 남편이 차로 데리러 오고, 집에 가서 새벽 1-2시까지 또 작업했어요.

준비하면서 굉장히 다양한 사람들을 만났어요. 그 사람들에게 이 사업이 왜 중요한지 왜 센터가 위탁받아야 하는지 계속 얘기했어요. 그렇게 준비해서 발표하러 구청에 갔죠. 발표하면서도 '나 너무 잘하는데' 그런 생각을 했어요. 정말 연습을 많이 했고 피드백도 매우 잘 받았지요. 그때 공무원들하고 관계도 참 좋았어요. 발표하고 나오니까 담당 공무원이 "발표 제일 잘하셨어요" 그러더라고요. 그래서 되겠지 생각하고 별로 걱정 안 했네요.

혜경 그때 조계종의 엄청 큰 법인이랑 지역 청소년단체도 지원했지요. 규모로만 보면 우리는 정말 작아서 불안하긴 했어요.

해령 그래도 우리가 준비를 너무 잘했고 이사장님이랑 약국이 지역에서 해온 일을 구청에서도 잘 아니까 우리가 받은 것 같아요. 이사장님이랑 약국의 힘이죠. 저는 걱정 안 하면서 한편으로 수현 선생님을 계속 꼬드겼죠. 수현 선생님이 안 한다면 이걸 받는 게 무슨 의미겠나 싶었어요. 상담복지센터를 위탁 운영하려면 행정원 1인 인건비를 법인이 내야 했어요. 우리로서는 큰 부담이었죠.

그런데도 이걸 해야 한다는 건 수현 선생님이 계속 얘기했던 것처럼 구로에 굉장히 열악한 환경에 있는 아이들이 많다는 거였어요. 이 아이들에게 정말 건강한 상담, 좋은 상담을 해 주자는 목적 하나였잖아요. 우리에게는 이게 정말 절실했어요. 신기하게도 일이 되려고 그랬는지 즐겁게 절실했어요.

제가 정말 저질 체력인데 밤 11시까지 준비하고 지하철 타고 1시간 반 걸려서 집에 가서 또 새벽 1-2시까지 준비하고 다음 날 아침에 일찍 출근해서 또 이 얘기를 하고…. 이걸 단순

구로구
청소년상담복지센터
개소식, 2012. 7

의무감 만으로는 못했을 거예요. 굉장히 절실했지만 즐겁게
준비했어요. 결국 위탁받았고 수현 선생님이 흔쾌히 센터장
을 수락해 줘서 고마웠죠.

구로장애인주말치과진료소, 구로구 보건소로 이관

———— **현옥** 해령 국장님 때 또 큰 건을 하나 했죠. 상
담복지센터 위탁받기 전 해인 2011년에 구로장애인주말치과
진료소를 보건소에 넘기는 절차를 해령 국장님이 진행했는데
그때 많이 아쉽지 않았어요?

해령 아니요. 저는 너무 좋았어요. 구로장애인주말치과진료소
할 때 토요일마다 나와서 일해야 하니까 좀 짜증 나고 힘들었

어요. 막상 일할 때는 즐거웠지만요. 어쨌든 보건소에 넘기는 건 너무 좋았어요. 그 당시에 서울 25개 구 중에 보건소에 장애인 치과를 둔 곳이 강남구와 서초구 뿐이었어요.

이사장님이랑 처음 구로구청장을 만나서 보건소의 장애인 치과 운영을 제안했을 때 돈이 부족해 안 되겠다는 거예요. 그래서 우리가 이렇게 얘기했지요. "센터같이 열악한 곳에서 10년 가까이 운영해 왔어요. 저희보다는 구청이 더 돈이 많지 않습니까? 저희가 이렇게 해 왔던 건 구로구 치과의사회가 자원봉사를 했고 치위생학과 학생들이 봉사단을 모집해서 가능했습니다. 근데 이건 민간에서 할 일이 아니라 정부에서 해야 할 일이지 않습니까."

저는 기본적으로 민간단체가 이런 일을 하는 건 아니라고 생각해요. 꼭 필요한데 정부가 안 하니까 하는 거죠. 그래서 저는 적극적으로 얘기했고 어떻게 얘기가 잘 됐어요. 물론 좀 아쉬운 점들도 남았죠. 우리가 그리는 그림대로 다 받아들여진 건 아니니까요.

혜경 당시 구로구 치과의사회 회장이 막 바뀌었을 때였어. 구로구청과 MOU가 성사되고 구에서 전격적으로 임하는 바람에 이 사업이 진행되었지.

해령 구로구가 이 사업을 받게 된 것은 센터처럼 규모도 조그마한 법인이 10년 가까이 해 왔다는 그 현실적 증명이 된 덕분이죠. 만약에 우리의 이런 모델이 제시되지 않았다면 구로구는 당연히 안 했겠죠. 안 하고 빠져 나갈 이유가 너무 많으니까요. '구로구가 무슨 돈이 있냐, 강남 서초나 하는 거지'라고 말하고픈데 우리라는 모델이 존재하는 거죠. '그럼 할 수도 있겠네'라고 생각해서 구로구에 잘 넘어갔죠. 그때 우리 장비를 후원금으로 샀었기에 팔지 못해 금천구 장애인종합복지관에 다 넘겨 줬잖아요. 거기서 또 싹을 틔웠던 것이고요.

혜경 금천구 복지관은 장애인 치과진료를 안 했는데 우리 장비들을 받아서 금천구 치과의사회랑 얘기가 되어 시작했지. 근데 몇 년 하다가 그만뒀다는 얘기를 들었어.

해령 우리는 의사선생님들, 봉사자들 모두 너무 좋았고 저희 실무자들도 굉장히 잘했어요. 특히 이사장님이나 약국이 지역에 뿌려둔 게 많았지요. 그 관계들이 연결되고 계속 이어지면서 그 힘으로 가는 거구나 생각했어요.

혜경 구로구 치과의사회랑 진짜 밀접하게 사업을 잘한 것 같아요. 의사회나 약사회는 보통 사회공헌 사업을 하는데요. 약사회는 인보사업이라고 해서 약을 지원하고, 치과의사회는 장애인 치과진료로 잡은 거예요. 아예 처음부터 후원도 하고 진료도 참여했어요. 구로구청으로 사업이 넘어가서도 계속 매주 가서 자원봉사하고 그랬어요.

해령 주민들이랑 지역의 자원을 가지고 문제점을 개선해 가면서, 저는 센터에서 일하고 싶다고 생각했던 대로 활동했어요. 그 결과물들이 나오니까 구로구가 책임을 지고 장애인 치과 진료나 청소년상담을 한 거죠. 그런 부분들이 다시 체계화하면서 못살고 가난한 이미지의 구로구가 조금씩 바뀌는 모습이 굉장히 좋았어요.

그리고 구로구의 특성인 것 같은데 제가 만났던 구로구 공무원들은 친절하고 소통이 잘돼서 좋았어요. 우리가 뭐라고, 구청장 만나겠다고 하면 구청장도 우리를 만나줬어요. "원하는 게 뭡니까?" 물으셨고 답하면 거의 바로 사업을 받으셨어요. 민간기관인 우리 센터 활동이 보건소의 공공보건 의료정책으로 전환되는 걸 실제로 보니까 기적 같았어요. 정말 우리가 큰일을 하나 해 냈구나, 감동스러웠고요.

혜경 구로구가 2023년 보건복지부 구강보건사업 우수사례 최우수 기관으로 선정됐다는 기사[14]를 봤어요. 226개 시군구에서 1등이며, 서울시에서는 유일하게 보건소 내 장애인 전문 치료기관을 무료로 운영한다는 평가를 받았다고 해요. 우리 센터가 쏘아 올린 작은 공이 이런 성과로 이어진 듯해 뿌듯해요.

---

14. 《서울신문》 2024.9.12

현옥 2011년에 장애인 치과 넘기고 2012년에 상담복지센터 위탁

받고 무지 바쁘셨겠어요.

해령 상담복지센터 위탁받고 후원의 밤을 했죠.

현옥 왜 했어요?

혜경 앞에서 얘기했는데 상담복지센터 위탁받을 때 행정원 1명

의 인건비를 부담하는 것이 조건이었어요. 조건이 아주 까다

로웠지요. 그래도 꼭 필요하다고 생각했기에 우리가 하겠다

고 했고 무조건 위탁받고는 돈 없어서 후원의 밤을 하고.(웃음)

해령 제 목표액이 2천만 원이었어요. 그랬더니 주변에서 말하더

만요. "안 된다. 600만 원 모으면 많이 되는 거다." "그러니까

돈 많이 내, 난 2천만 원 모아야 돼." 후원하라고 여기저기 많

이 다녔죠. 최종적으로 2,400만 원인가? 2,600만 원인가? 아

무튼 그동안 약국에서 뿌린 게 쌓였으니 후원의 밤도 아주 잘

된 거지요. 우리볼 아이들이 정말 저의 든든한 인턴이자 동료

들이었어요. 애들이 다 준비하고 저한테 춤 가르쳐 주고 같이

춤 추고 애들이 사회를 보고 그랬죠. 후원의 밤에 구청장님도

오시고 지역 도움을 많이 받았어요.

　일하면서 특별히 힘들고 그런 거는 없었던 것 같아요. 뭘

하겠다면 지역에서 '너희는 안 돼' 하면서도 막상 하면 적극적

으로 많이 도와줬어요. 그게 저의 인복은 아닌 거 같고 그동안

이사장님, 약국이 탄탄하게 뿌리고 쌓은 것들 덕에 가능했죠. 이게 바로 사람의 힘인가 싶어요.

지금은 청소년교육 업무를 하는데 구로에서 일했던 경험이 긍정적으로 작용하는 듯해요. 구로에서 오랫동안 씨앗을 뿌린 게 차곡차곡 쌓여 제가 뭔가 일할 때면 거침없이 다 힘이 되어 주네요. 주위 분들이 너무 적극 도와주시니까 '조그만 데서 한 일이, 뿌린 씨앗이 언젠가는 꽃을 피우는구나,' 이런 걸 알게 됐죠. 지금도 일할 때 '지금의 이 일이 앞으로 어찌될지 어떻게 알아' 하면서 서로 격려하면서 일하려 해요.

혜경 센터에서 일하면서 의료생협을 꿈꿨는데 이루지 못한 아쉬움이 남았나요?

해령 의료생협을 정말 하고팠는데 그게 좀 안됐죠. 안됐던 이유는 많았고 어떻게든 하면 될 것도 같았지만… 어쨌든 저는 '그래 좋아, 나는 이제 여기까지야, 여기서 내 역할은 다 됐어, 나는 이제 다른 곳에서 다시 할게,' 그렇게 센터를 나왔죠.

11년 동안 청소년들의 마음을 보듬은
구로구청소년상담복지센터

———————— 2012년 7월 구로구에 청소년들의 마음을 보듬

는 작은 등대가 세워졌다. 구로구청소년상담복지센터라는 등대에 불을 밝힌 등대지기는 심수현 센터장이다. 2012년부터 2023년까지 11년 동안 상담복지센터 센터장을 역임한 심 센터장은 민간의 상담복지 경험을 지역사회 공적 지원체계로 본격 이동시키는 변화의 중심을 지켰다.

이런 전문가가 센터에서 10년 넘게 활동한 덕분에 센터는 지역에서 청소년상담 전문기관으로서 그 위상을 높여 갔다. 우리 상담복지센터는 단순히 '문을 열고 상담하는 곳'을 넘어 지역 청소년의 안전망으로 그 역할을 하는 데 힘을 쏟았다. 위기 청소년이 생기면 단순히 심리적 위로에 그치지 않고 학교, 지역기관, 경찰서 등과 유기적으로 연결해 문제를 함께 해결하는 '원스톱 지원체계'를 만들어낸 것이다. 우리 센터에서 청춘을 불사른 따뜻하고 우직한 심 센터장님의 현장 이야기를 공유한다.

현옥 센터장님은 언제 우리 센터에 왔어요?

수현 제가 대학원 다닐 때니까, 2004년에 센터의 '가족지원상담실' 인원을 충원할 때 왔어요.

현옥 센터 첫인상이 어땠어요?

수현 대학 다닐 때도 학교 밖 청소년을 만나는 비영리 민간단체 활동을 했기에 이런 민간단체에 대한 어렴풋한 이해는 가졌었어요. 후원금을 받아서 사업을 하는 법인인 거죠. 그때는 정말 상담을 하고 싶은 마음이 컸어요. 처음엔 일주일에 2-3일 상담하는 일로 왔죠. 당시 지역에 대한 첫인상이 굉장히 강했어요. 제가 관악구에 살았어요. 거기도 낙후된 지역인데 여기는 훨씬 더 열악한 거예요. 관악구는 그냥 저소득층 애들인데 여기는 더 심각했어요. 공중화장실을 쓰는 동네와 아이들이 사는 그 공간이 좀 놀라웠어요.

혜경 그때 재개발이 진행되는 상황이었는데 구로3동 성당 뒤쪽에 공중화장실이 있었지.

수현 요보호아동 정신건강 지원사업으로 상담을 했는데 이 열악한 지역에서 아이들이 상담도 받지 못하는 환경, 저는 그게 너무 인상 깊었어요. 우리 센터를 이용하는 아이들은 모자원母子院 또는 파랑새공부방 아이들 중에도 가장 열악한 환경에 살았어요. 그 아이들이랑 대화하면서 많이 놀랐죠. 단칸방에 사는데 아버지가 때려서 피난 나온 상황도 많았고, 할머니 손에 자라는 애들도 많았어요.

현옥 그런 아이들의 상황이 버겁게 느껴지진 않으셨나요.

수현 그때는 애들을 만나야 한다는 생각이 커서 버겁다는 느낌은 크게 못 느꼈어요. 그래서 상담실장을 제안하셨을 때 받아들였고요. 일할수록 지역에서 법인의 역할이 참 중요하긴 하

지만 이게 5천 원이나 1만 원의 후원금으로 해결 가능한 영역
이 아니라는 생각이 들었어요. 개입해야 할 애들은 많은데 저
혼자 다 다루지 못할 상황이잖아요. 그래서 이런 작은 법인에
서 가능한 일은 아니라고 계속 생각했죠.

혜경 우리 상담실 인력은 적으니까 대안으로 지역 자원봉사자
양성을 위해 2007년에 상담자원봉사학교를 운영했지. 주부
와 정서적 지지가 필요한 아이들을 연결하면 어떨까 생각했
어. 이 학교 졸업생들이 '마음사랑'이라는 자원봉사단을 만들
어서 5년 동안 공부방, 지역아동센터 등에서 적극 활동했어.

수현 상담자원봉사학교 준비 때 이사장님과 함께 연세대 심리학
과 이윤구 교수님 찾아가 강의를 의뢰했던 게 기억에 남아요.
영서중학교, 남구로초등학교와 인근 초등학교를 찾아다니며
상담 의뢰받고, 파랑새공부방이나 지역시설들에서 문제를 일

상담자원봉사학교
졸업식

으킨 아이들이 많이 왔던 것도 생각나요. 2년쯤 센터에서 일하고 저는 KOICA 활동으로 몽골을 2년 동안 다녀왔죠.

혜경 몽골에서 돌아와 도박중독센터에서 일하던 수현 선생님에게 상담복지센터 비상근 센터장을 제안했는데 흔쾌히 응해 주어 고마웠어요. 2012년부터 법에 따라 지자체가 상담복지센터를 운영해야 하는데 구로구는 서울시 25개 구 가운데 21번째로 늦게 시작했어요.[15] 당시 사회적으로도 IMF 이후 빈곤이 심해지고 가정 해체가 급격히 진행되면서 학교에 적응하지 못하거나 가출, 비행까지 저지르는 청소년들의 문제가 큰 이슈가 되었어요. 내 기억에 구로구는 2017년 서울경찰청 기준 학교폭력 1위일 정도로 청소년 지원이 매우 시급한 상황이었어요.

수현 그 당시 지역 복지단체 중에 상담을 하는 곳은 우리 센터 뿐이었어요. 그래서 제가 그 이전부터 "정부가 상담복지센터 위탁 공고를 하면 우리가 받자, 이상한 데 말고 우리가 위탁받아 제대로 운영해 보자"고 말씀드렸죠. 그래서 센터장 제안 때 다른 직장을 다니던 중이었지만 수락을 생각했어요.

혜경 위탁 공고에 참여했던 이유가 수현 선생님이 했던 말이 생

---

15. 2012년 <청소년복지지원법> 개정에 따라 지자체는 청소년상담복지센터를 설치하고 운영 위탁이 가능해짐

각나서였어요. 오랫동안 청소년 상담사업을 해 보니 민간 법인 유지가 힘들다고 했잖아요. 일반 사업체처럼 돈을 받고 상담하는 게 아니니까요. 이 일은 공공 영역의 밑받침이 필요하다 싶었죠. 그래서 위탁에 적극적으로 참여했고 안 되면 상담사업을 그만 접어야겠다고까지 생각했어요.

수현 기존 직장이 있었기에 겸직으로 이름을 걸고 센터장을 맡았는데 그때 엄청 바빴어요. 상담복지센터에 수요일 하루는 와야 하니까 기존 일하던 곳에선 토요일에 근무를 했어요. 수요일엔 상담복지센터에 와서 밀린 결재를 했죠. 돈도 안 주는데 왜 그렇게 열심히 했는지 모르겠어요.(웃음) 서울시 청소년 상담복지센터에서 각 구 센터장들 회의가 많았는데 거기도 다 쫓아다녔어요. 2년을 그렇게 무료로 일했어요.

현옥 어떻게 그렇게까지 가능했어요? 구로 지역에 대한 애정이나 청소년 사업에 대한 사명감 때문일까요?

수현 아이들과 지역사회에 대한 애정도 가졌고 한편으로는 상담복지센터가 국가에서 처음으로 하는 상담사업이라서 잘하고 싶었어요. 청소년 상담사가 상담분야 국가 자격증으로는 유일해요. 당시에는 서울시 각 구의 청소년수련관 관장님이 상담복지센터장을 겸직하는 구조였어요. 그분들이 체육을 전공하고서 센터장을 하고 그 아래에 팀장들이 실무를 보는 거죠.

그분들은 지역사회 기반이 부족하니 상담복지센터들이 잘 안 굴러갔어요. 그런데 우리는 다른 구의 상담복지센터랑은 아주 달랐고, 그래서 잘하고 싶었어요. 큰 청소년재단 같은 데서 위탁을 받은 게 아니라 민간의 아주 작은 법인에서 받은 거라 독립적 운영이 가능했죠. 서울시 각 구 센터장 중에 상담심리 전문가는 제가 유일했어요.

현옥 상담은 전문분야인데 센터장 중 유일한 상담사였다니 놀랍네요.

수현 왜냐하면 상담심리 전문가들이 안 와요. 행정이 너무 많고 처우가 좋지 않으니까요. 이게 정말 중요한 사업이에요. 지역사회 중심으로 네트워킹하여 CYS-Net[16]의 청소년 안전망을 국가에서 법률로 그림을 그려놓은 거거든요. 그런데 그 회의에 가 보면 굉장히 형식적이에요.

위원들이 다 기관장들이에요. 경찰서장, 보건소장 이런 사람들이 오는데 회의 때 한마디도 안 해요. 못 하게 만들어요. 아이들 자살이나 학교폭력 같은 문제들이 심각한데 그런 얘기 안 하고 그냥 형식적으로 넘어가는 거예요. 처음 우리 센

---

16. [Counseling & Youth Support-Network]. 청소년 위기상황에 즉각 개입하고 지역사회 지원을 연계해 종합지원하는 청소년 통합지원체계

터가 위탁받고 사업을 시작했을 때, 지역사회에서 학교 밖 아이들에 대한 개입이 들어가면 좋겠다는 얘기가 많았어요. 학교 밖 아이들을 대상으로 멘토링을 진행하고 다음엔 학교폭력 관련된 사업들을 했어요.

서남부권(구로구, 금천구, 관악구, 강서구)이 낙후된 지역이라 그런지 비행 건수가 평균보다 많아요. 상담을 전공한 센터장이 저 뿐이었으니까 법원에서는 구로에만 지정을 해줬어요. 경찰에 걸려서 법원으로 넘어간 아이들 상담인데 이 아이들이 계속 돌고 도는 애들이거든요. 가정환경이 좋지 않으니까 초등학교 때부터 중학교, 고등학교까지 계속돼요. 이런 것들을 상담복지센터 혼자 하기에는 어려우니 지역사회 안에서 학교나 다른 자원들을 연결하는 사업들이 아주 많았죠.

마음사랑의
지역아동센터에서
미술치료
프로그램 진행

현옥 상담복지센터장을 11년 했잖아요. 위기 청소년들을 위해 상
담뿐 아니라 지역사회와 연계해 실질적으로 아이들을 돕는
일을 진행했는데 지금 돌아보면 어때요?

수현 저희는 학교 찾아가서 하는 사업도 많았고 지역사회와 연
결하는 상담도 적극 수행했어요. 지역사회에서 요청하는 건
무조건 1순위로 상담 자원들을 연계하고 무슨 일이 터졌을 때
바로 개입하려고 굉장히 신경을 많이 썼어요. 예를 들어 아동
학대 사건이 터질 때마다 저희가 바로바로 들어갔어요.

현옥 학대가 발생한 가정으로 가나요?

수현 아니요. 시설에서 아동학대 사건이 생기면 그 아이들과 관
련한 전수 조사부터 시작해서 심리 치료를 했어요. 지금 기억
나는 일인데… 어느 고등학교에서 아침 7시경에 아이가 떨어
지려고 옥상에 올라가는 거를 교감 선생님과 애들이 본 거예
요. 다행히 그 애가 떨어지려고 하는 걸 겨우겨우 설득해서 데
리고 내려왔는데 선생님들과 등교하던 아이들 모두 놀란 거
죠. 진로상담 교사인 부장님이 아침 9시부터 전화를 돌리셨어
요. 먼저 교육청에 알려야 하고, 다음에 정신건강복지센터가
2차로 자살 예방과 관련한 활동에 들어가는 순서인데요. 정
신건강복지센터에서는 그 아이가 떨어지지 않았기 때문에 못
나간다, 또 그날이 자살 예방의 날이라 직원들이 자살예방 캠

페인을 나갔기에 갈 사람이 없다고 했대요.

결국 저희 상담복지센터로 전화를 했어요. 저랑 선생님 2명이 바로 사건을 본 아이들 스크리닝 테스트하고 담임교사 안정화하는 작업을 했어요. 그 후부터 진로부장 선생님이 저희가 하는 사업에는 무조건 오셨어요. 우리가 하는 사업을 홍보도 해 주시고요. 이렇게 긴급 상황일 때 들어간 사례들이 아주 많았어요.

현옥 정말 어이가 없네요. 그럼 그때 애가 떨어졌다면 와서 뭘 하겠다는 건지….

수현 시스템이 그래요. 솔직히 저희도 인원이 다섯 명 뿐이에요. 다섯 명이라면 약속한 상담들 정리하고 급히 출동해야 되는 거예요. 그럴 땐 위기잖아요. 정말 전문가가 나가야 하는데 그럴 자원이 많지 않은 거죠. 그런 긴급상황일 때 언제 들어가고 스크리닝은 뭘 해야 하고 응급처치는 어떻게 해야 하고…. 이런 매뉴얼이 준비되어야 해요.

저희도 그렇게 하기 위해 몇 년 동안 계속 공부를 해요. 같이 책 읽고 얘기하고 전문가 모셔서 공부하죠. 이런 작업을 굉장히 오래 했어요. 얼마 전 여성가족부에서 긴급 지원체계라고 해서 자살, 자해 건에 대처하는 내용이었는데 우리가 모두 했던 내용이었어요. 현장에서 필요하다고 얘기한 것들이 이

144

2019년
여성가족부
청소년상담복지사업
장관상 수상

제 정책으로 반영돼서 실현되는 거죠.

현옥 센터 소식지에 상담복지센터가 상 받은 소식이 나왔기에 당시 신문기사를 찾아봤어요. 전국 222개 상담복지센터를 대상으로 진행한 종합평가에서 상위 5% 최고등급 최우수기관으로 여성가족부 장관상을 받았더라고요. 지역 특성을 반영

2020년
여성가족부 최우수
청소년상담복지센터
최우수센터 선정,
장관상 수상

3장 새로운 도약

한 '마음톡톡 솔루션'과 '비밀우체통' 사업이 심사위원들에게 좋은 인상을 준 것 같았어요.

수현 2019년, 2020년 연속으로 여성가족부에서 청소년 상담복지 관련 장관상을 받았어요. 저희가 다 상담 전문가니까 상담을 잘했고 지역과 연계된 행정에도 강해서 성과가 좋았던 것 같아요. 청소년 상담 공부하고 싶으면 구로로 가라는 얘기가 나올 정도였어요. 1급 상담사가 2명이나 되어 슈퍼비전도 내부에서 다 했어요. 저희가 슈퍼비전하고 교육하니까 상담 공부하는 선생님들이 많이 왔었어요. 저희가 한국청소년상담복지개발원 상도 받았어요.

이 상의 사례를 말씀드리면, 아버지가 고등학교 1학년 아이를 데리고 왔어요. 아이한테 충동성이 보이니 상담을 해 달라고요. 근데 아버지가 한두 번 데리고 온 이후에 자살을 하신 거예요. 아버지가 집에서 자살하셔서 자살한 현장을 아이가 봤기에 그 애의 자살 충동이 심해졌어요. 위기 상황이라 저희가 사례 회의를 해서 그 아이를 어떻게 도와줘야 할지 얘기했어요. 상황을 들여다보니 아버지가 경제적으로 무능해 어머니가 미싱 등 단순노동을 하셨어요. 공과금이 500만 원 정도 밀려서 전기, 물 이런 게 다 끊겼더라고요.

여기저기 알아보다 다행히 '바보의나눔' 재단에서 긴급 생활비 500만 원을 받아 우선 지원했어요. 구로구청 희망복지 팀과 연계해서 LH 아파트로 이사 가도록 하고, 어머니랑 동생 심리지원까지 저희가 다 했는데 이 사례로 상을 받았어요. 이렇게 CYS-Net으로 지역에서 연계하여 도움을 주는 그런 사례들이 저희는 많았어요.

현옥 상담복지센터에서 그런 것까지 연계했다니 놀랍네요.

수현 원래 다른 구의 상담복지센터는 이렇게까지 하지 않아요. 지역 네트워크의 기본 세팅이 안 되니까. 그런데 우리는 센터에서 일하면서 지역 단체들, 보건소 등과 협력해서 일해왔기에 그게 기본값이라고 생각했어요. 보통 상담복지센터에서는 외부에 잘 나가지 않고 들어온 상담을 하는데 저희는 외부 회

학교 밖 청소년
교통비 지원을 위한
구로약사회
후원금 전달

의도 많이 갔어요. 사례회의 때면 꼭 참석해 저희도 실제 사례를 접하겠다고 했지요.

지금 생각해 보면 위기 상황인 경우가 많아 책임도 무거운 일인데 그때는 저희가 다 해야 한다고 생각했던 것 같아요. 그렇게 일한 사례들 때문에 상을 많이 탔죠. 학교 밖 아이들 지원에 대한 것도 잘해서 정말 조직폭력배, 깡패 이런 애들이 선도되는 사례들도 많았어요.

현옥 선도된다고요? 어떻게요?

수현 어떤 애는 센터에 매일 와서 아침부터 저녁까지 있으면서 센터 청소하고 밥해 먹고 그러는 거예요. 알고 봤더니 진짜 몸에 문신 새긴 조직폭력배였더라구요. (다 함께 웃음) 상담복지센터에서는 학교 밖 청소년 지원에도 관심을 많이 쏟았어요. 중학교 2학년 학생으로 집단폭력 문제로 학교를 자퇴하고 또래들과 어울리다 가정법원 수강 명령으로 우리 상담복지센터에 의뢰된 사례가 기억나요.

어린 나이에도 불구하고 흡연, 음주, 비만으로 건강검진이 필요했어요. 고혈압, 간질환으로 검진 결과가 나왔어요. 기초생활 수급가정으로, 사례판정 회의를 통해 병원동행 등 생활관리 교육이 가능했어요. 나중엔 중고등과정 검정고시에 합격하고 군 입대까지 했지요. 제가 10년 넘게 구로에서 일하다 보니 한 아이의 성장과정을 쭉 지켜보게 된 거죠.

현옥 혹시 그때 상담했던 아이들 중 아직 연락하기도 하나요?

수현 상담 실무 선생님들이랑 연결되는 애들은 많다고 들었어요. 저는 센터장이라 실무가 아니었기에 많진 않아요. 그래도 아주 심각한 위기 상황이고 오랫동안 상담이 필요한 사례를 몇 번 했었어요. 그 가운데 고등학교 1학년 아이였는데 친족 성폭행이었어요. 알게 된 지 5년 정도 됐는데 지금도 가끔 상담해 주며 지내요. 친족 성폭행이라 애는 집에 들어가지 못하고 아버지는 구치소에 7년 복역했어요. 그 사이에 아이는 보육원에서 1년 지냈고 다시 원가족에 복귀했어요.

아버지는 빠졌다고 해도 구조는 똑같잖아요. 제가 "애는 독립해야 한다" 강조해서 20살이 됐을 때 독립했어요. 아르바

학교 밖 청소년
자립지원
인턴쉽 협약식

학교 밖
청소년지원센터
졸업식

이트로 500만 원을 벌어 신림동 원룸을 구해 사는데 얘는 보호자가 없어요. 그래서 제가 계속 만나 집은 어떻게 구해야 하는지, LH를 통해야 하는지 등을 얘기해 줬어요. 저는 그런 사람이 필요하고 그걸 우리 사회가 해야 한다고 생각해요.

현옥 마지막으로 질문 드려요. 10년 전에 비해서 공공 분야의 상담복지 기반이 좀 잡혔을까요?

수현 10년 전에 비하면 건물도 커지고 인력도 많이 증가하긴 했어요. 하지만 아직도 처우가 열악해요. 청소년 상담복지는 더 열악하고요. 여전히 전문가가 들어올 구조가 못돼요. 인력을 양성해야 하는데 상담사들이 버틸 만한 구조가 아니니까 2-3년 일하다 나가고 또 들어왔다 나가고 그래요.

교육청에 위센터, 위클래스 같은 상담 조직들은 많이 생겨나는데 교육부의 주류는 교사이다 보니 한계를 가져요. 학교마다 심리상담사가 상근하면서 예전보다 나아지긴 했어요. 그래도 우리나라 청소년 자살률은 여전히 높고 사회 전체적인 스트레스 지수도 높아서 심각한 상황이에요. 아직 가야 할 길이 멀어요.

혜경 우리는 상담복지센터를 2023년 5월까지 11년동안 위탁 운영했어요. 어느 지역보다 청소년상담복지센터가 청소년의 안전망으로 잘 작동하도록 센터장님 중심으로 최선을 다했죠. 그런 만큼 센터장님이 힘들었을 듯해요. 2003년 가족지원상담실로 출발해서 상담복지센터로 이어졌으니 거의 20년 동안 청소년 상담사업을 진행한 거죠. 충분하진 않지만 이 정도면 우리의 역할을 다했다고 판단했고, 2023년 재위탁은 신청 안 했어요.

4장

'함께' 돌보는 마을

구로우리네재가복지센터

———————————— 2019년부터 센터는 새로운 건강권 사업을 고민하던 중 고령사회를 맞아 보건과 복지가 결합된 통합돌봄, 커뮤니티 케어[01]에 대한 논의를 시작했다. 센터 이사인 구로한의원 권태식 원장은 노인장기요양보험이 시작된 2008년부터 센터가 노인돌봄 사업에 관심을 가져야 한다고 강조했다. 센터에서 돌봄이 공론화하기까지 뒤늦은 감을 주는 게 사실이다.

———

01. 돌봄 필요한 사람이 살던 곳에서 지역의 보건복지 서비스를 통합적으로 제공받으며 함께 어울려 사는 체계를 '지역사회 통합돌봄, 커뮤니티 케어'라고 표현함

황근애
센터 사무국장(좌)
이은실
재가센터장(우)

　사회복지사와 보건의료인 출신 이사들을 중심으로 준비위원회를 만들고 커뮤니티 케어를 공부하고 방문요양 기관들을 탐방했다. 그 결과 방문요양 사업을 하는 공공기관이 부재한 현실을 확인했고, 센터가 지역에서 좋은 돌봄을 제공하는 기관을 직접 운영하기로 결정했다.

　센터는 정관을 개정해 2021년 4월 22일 방문요양기관 '구로우리네재가복지센터'(이하 재가센터)를 부설기관으로 설립하였다.

　재가센터 사무실 공간을 찾는 것부터 방문요양기관 허가, 개소식 준비 등 초기 작업을 함께한 창업 공신 이은실 센터장과 인터뷰를 진행했다. 재가센터가 잘 자리 잡도록 물심양면으로 열심히 지원하는 황근애 센터 사무국장도 함께 만났다.[02]

---

02. 인터뷰는 박혜경, 정애랑이 함께 센터 사무실에서 진행, 2025.11.22

재가센터 처음 1년이 너무 힘들어 울면서 신앙의 힘으로 버텼다는 센터장님의 신앙고백을 백 퍼센트 공감하면서도 다 담아내기는 어려웠다. 남녀노소 참여하는 다양한 자원봉사 소모임을 둥글둥글 아우르는 사무국장님의 푸근함을 실감나게 표현하지 못하는 필력의 한계가 죄송할 따름이다.

애랑 이은실 센터장님은 센터와 어떻게 인연을 맺게 되었는지 궁금합니다.

은실 2019-2020년에 구로마을공동체종합지원센터[03]에서 마을지원활동가[04]로 일할 때 이사장님이 제안하셨어요. 2020년 10월부터 재가센터 설립을 위한 준비 작업을 시작했지요. 센터에서 이미 방문요양을 위한 준비 중이었고 저는 재가센터 허가를 위한 행정 자료들을 만드는 것부터 시작했어요.

애랑 이사장님이 무슨 제안을 했길래 바로 수락하신 거예요?

은실 이사장님이 "우리가 하려는 사업은 커뮤니티 케어다, 방문요양에서 하는 요양보호사의 돌봄뿐 아니라 지역이 함께 어르신을 돌보는 커뮤니티 케어를 하려 한다"셨어요. 그 당시는 제가 많이 아프면서 약간 고립감, 좌절 이런 걸 느끼다가 막

---

03. 2012년 서울시와 자치구에서 마을공동체지원사업을 추진, 구로구에서도 주민 자치와 공동체 회복을 위한 '구로마을공동체종합지원센터' 출범
04. 마을 지원사업을 하는 주민 조직을 찾아가 사업과 서류 작업을 돕고 활동을 촉진하는 역할 담당

구로2동에
위치한
센터 내
구로우리네
재가복지센터

회복하던 시기였지요. 그래서인지 되게 좋게 들렸고 '10년 후 나의 미래 모습이 되겠다'는 생각도 들었어요.

'좋은 일인데 나도 같이 해볼까'라고 생각을 하게끔 옆에서 계속, 한 번이 아니라 반복해 얘기하시더라고요. 거기에 혹하고 넘어가서 여기까지 오게 된 거죠.(다 함께 웃음) 일하면서 끊임없이 이사장님께 물었어요. 재가센터의 방향이 뭔지, 여기서 추구하는 게 뭔지 계속 물으면서 서로 얘기했지요.

혜경 2019년도 이사회에서 많은 얘기를 했어요. 상담복지센터는 위탁기관이기 때문에 우리가 특별히 해야 할 일이 많은 건 아니었어요. 의료생협을 하려 했지만 잘되지 않아 좀 답답하고 힘든 시기였어요. 중압감이 느껴졌달까요.

센터가 지역에서 어떤 역할을 할 것인지 계속 고민하다가

158

커뮤니티 케어에 대한 논의가 나왔지요. 이사회에서 소모임을 만들고 자연스럽게 방문요양에 대한 얘기를 했어요. 방문요양이 자본도 좀 덜 들고 지역의 아픈 사람들을 만날 기회이니 지역사업으로 괜찮다고 생각했어요.

탐방을 좀 다녔는데 잘 된 사례만 가서 보니까 '괜찮으니 한번 해 봐라' 하시는 거예요. 그런 얘길 듣다 보니 아주 용감하게, 사람과 공간만 허락된다면 가능하다 생각하고 그냥 저지른 거지요.(다 함께 웃음) 처음 생각했던 거랑 많이 달라서 힘들긴 했지만 이제 센터가 진짜 '건강복지센터'다운 일을 한다는 생각도 들면서 마음이 좀 가벼워졌지요.

애랑 황근애 국장님은 어떻게 센터에 오시게 되었나요?

근애 2022년 재가센터와 함께하는 자원봉사 모임인 '우리네사랑방'(이하 사랑방)에 참여하면서 인연 맺었어요. 제 기억엔 은실 센터장님이 "자원봉사 모임에 한번 와 봐" 해서 슬렁슬렁 시작하게 됐지요. 센터장님 연락 받았을 때 '(은실 샘이) 좋은 사람이고 시간을 많이 뺏기는 것도 아닌 것 같으니 부담 없이 가보자' 해서 왔다가 이렇게 사무국장까지 됐네요.(다 같이 웃음) 2023년 11월부터 사무국장으로 일하는 중입니다.

은실 황 국장님이 본인 얘기니까 "그냥 했어요, 쉽게 됐어요" 이렇게 말하지만 센터 사업 하나를 놓고도 정말 고민을 많이 하세요. 쉽게 쉽게 하는 분이 아니세요.

재가센터가 커뮤니티 케어를 지향하면서 생긴 곳이라 자원봉사 조직이 만들어지면 좋겠다고 생각했어요. 후원회원도 필요했고 재가센터 홍보도 같이하면 운영에 큰 도움이 될 것 같았어요. 마을 지원활동을 함께 했던 지인들에게 제안했더니 흔쾌히 사랑방이라는 자원봉사 모임을 만들어 우리 일을 북돋아 주었지요. 제게 정말 큰 힘이 되었어요.

애랑 사랑방은 어떤 활동을 하나요?

근애 사랑방은 초창기부터 2024년까지 매월 재가센터 앞에서 홍보활동을 했어요. 2023년부터는 독거 어르신 정서지원 활동을 지속하고요. 센터와 지역 복지관에서 추천 받아 거동이 불편한 어르신 댁에 2인 1조로 찾아가요. 한 시간 정도 머물면서 만들기와 놀이를 하고 이야기도 나누면서 즐거운 시간을 함께 보내는 활동이에요. 종이접기, 지점토를 이용한 그릇 만들기 등을 하면 어린 시절이 생각난다고 즐거워하세요. 그런 모습을 보면 저희도 흐뭇하고 좋아요. 돌봄에는 전문 영역도 필요하지만, 이렇게 지역의 다양한 자원이 함께 참여해 건강한 공동체를 만들어 가면 좋겠어요.

애랑 커뮤니티 케어 실현에 사랑방이 정말 큰 역할을 하네요. 재가센터 운영을 위해 사무국에서는 또 어떤 도움을 주나요?

어르신과 함께
화분 만드는
우리네사랑방

근애 작년까지 사랑방이 홍보를 많이 도와줬어요. 올해부터는 새

로운 방식으로 '홍보서포터즈'라는 조직을 만들었어요. 올해 3

월부터 월2회 재가센터 앞에서 노란조끼를 입고 홍보 활동에

아주 열심입니다. 어버이날에는 전을 부쳐 나눠드렸어요.

　홍보 후에는 자원봉사자들이 같이 밥도 먹고 수다도 나누

며 즐거운 봉사활동이 되도록 하고요. 센터의 소모임에 참여

했던 회원 14명이 이 활동에 참여해요. 이러한 홍보활동이 재

가센터의 양적 성장에 큰 도움이 되면 좋겠어요.

애랑 홍보서포터즈가 참 든든하게 느껴지네요. 말 나온 김에 센

터 다른 소모임도 소개해 주세요.

근애 우리네사랑방, 우리볼, 홍보서포터즈는 말씀드렸고요. 중

홍보서포터즈의
재가센터
홍보활동

년 여성들 책 읽는 모임인 '북적북적', 우리볼의 멘토인 청년 네트워크 '우리(URI)', 걷기 모임인 '해피워크'가 있어요. 그리고 가족을 돌보는 보호자들이 모여 수다 떨고 몸 펴기 운동하면서 서로 위로하고 공감대를 만들고 정서적 안정감을 갖게 하는 '마을돌봄UP'도 있어요.

혜경 70세 서포터즈 어르신이 계시는데 재가센터 운영위원이세요. 운영위원으로 활동하시면서 홍보도 열심히 해 주시지요.

근애 사랑방이든 북적북적이든 기본적으로 우리 센터에 대한 애정을 가진 분들이기에 활성화가 잘되지 않나 생각해요. 서로 다른 모임이지만 센터에 대한 관심 하나로 뭉치니까 부가 효과가 나오는 듯해요.

홍보서포터즈
활동 후
같이 찍은 사진

혜경 황 국장님이 청소년들도 되게 좋아하세요. 우리볼 아이들
도 예뻐하시고요.

은실 아이들이 어르신을 대할 때 자연스럽게 아주 잘해요. 처음
엔 요즘 애들이 어르신들이랑 잘 지내기가 가능할지 걱정을
많이 했어요. 근데 아이들이 눈치가 빨라서 잘 맞춰가요. 어르
신들이 저희 얼굴은 잘 기억 못해도 애들이 가면 "또 왔네" 하
시며 반겨 주시지요.

근애 아이들은 알려 주지 않아도 어르신의 불편함을 알아서 대
처해요. 걸으실 때 옆에서 팔짱을 껴 준다든지 이렇게 팔을 내
민다든지… 아이들이 우리보다 더 세심하구나 생각돼요.

혜경 센터가 어르신 정서지원을 청소년들과 함께 진행하는 걸

보면서, 우리가 재가센터에 담으려 한 가치를 실현해 내는 듯
해 기쁘고 뿌듯해요. 이게 커뮤니티 케어겠죠.

은실 2021년에 어르신들 놀이가 어떤 것들이 가능하고 아이들
이 어떻게 함께해야 할까 많이 고민했었어요. 기존에는 놀이
봉사였는데, 아이들과 어르신들이 함께하는 보드게임을 찾아
냈고, 그걸 가지고 어르신들과 놀이를 함께했어요. 그야말로
세대공감인 거죠. 청소년들이 바쁘다 보니 토요일에 모여야
해서 실무자 입장에서는 힘들긴 하지만요.

근애 힘들긴 하지만 그래도 많은 분 도움으로 여기까지 왔어요.
그분들의 말 한마디, 눈빛 하나로 조금씩 채워져 가는 느낌이
에요. 예전에는 몰랐는데 '나에게도 사람이 있구나. 나를 도와
주는 사람들이 진짜 많구나' 그걸 느끼게 하는 것 같아요. 말
하지 않아도 '내가 도와줄게' 이런 말을 해주는 사람들이 센터
주변에 많이 계시더라고요.

은실 저희가 정서지원을 시작할 때 취지가 이거였어요. 어르신
들은 본인 고립을 해결하며 '나를 도와 주는 사람' 존재를 느
끼고, 봉사자는 어르신을 도우면서 '나도 나이 들면 나를 도와
줄 사람' 존재를 느끼게 하는 것이 첫 번째 목표였어요. 벌써
느끼셨다니 이제 사업은 잘 되겠네요.(다 같이 웃음)

혜경 재가센터가 우리가 생각했던 대로 그 역할을 잘하려면 이

런 소모임 활동이 자연스럽게 스며들어야 하는데 국장님이 잘 엮어내고 계시네요. 국장님이 지역주민이기에 지역에 필요한 자원봉사 활동을 더 잘 이해한다고 생각해요.

그동안 센터는 실무자를 전문 활동가들로 뽑았어요. 외부에서 오셨어도 전문가들이라 모두 일을 잘했어요. 그래서 센터가 지금까지 잘 유지됐다고 생각해요. 그런데 활동하다 어느 정도 지나면 그만두니 센터가 지역에서 지속 가능한 조직으로 성장하는 데 한계를 가졌어요.

이제 지역주민이 직접 센터 활동을 하니 센터와 지역이 안정적으로 연결되는 장점이 확인될 것 같아요. 센터 부설기관으로 재가센터 같은 전문기관을 세운 건 처음으로 시도하는 거예요. 센터는 지금까지 프로젝트 위주로 운영했는데 이

'마을돌봄UP'의
꽃바구니 만들기

제는 지역에 계속 남아 성장하는 사업을 하고 싶었어요.

애랑 저도 북적북적 회원이에요. 이런 소모임들이 센터가 지향하는 '좋은 돌봄, 커뮤니티 케어'를 만들어 가는 데 하나하나 디딤돌이 되면 좋겠어요.

애랑 재가센터 개소가 코로나 시기여서 더 힘들었을 것 같아요.

은실 고령사회라 노인 인구는 늘고 장기요양보험으로 국가에서 등급을 주니까 돌봄 대상 어르신을 쉽게 찾을 줄 알았어요. 예상과 달리 등급 판정을 받는 분들은 매월 생겨나지만 저희가 등급 받은 분들을 직접 찾아 내야 하는 상황이었어요.

개소 후 6개월 이내에 서비스를 시작하지 않으면 폐업해야 해서 걱정을 많이 했어요. 온라인 홍보는 물론이고 지역을 돌아다니며 열심히 홍보해도 대상자를 찾기 힘들어 맘고생을 많이 했어요. 다행히 지인 소개로 어르신이 연결돼 서비스를 시작했지요. 시간이 지나면서 시장을 지나다가 우연히 우리 재가센터를 보고 신청하는 분도 하나둘씩 늘었어요.

혜경 재가센터의 첫 어르신, 첫 요양보호사가 연결되어 일을 시작하던 때가 생생하네요. 우리가 지역에서 오래 약국을 했고, 권태식 이사님도 한의원을 운영해서 대상자 발굴에 큰 도움이 될 줄 알았어요. 그런데 방문요양기관이 많아 직접 연결이 쉽지 않았어요. 모두 타 기관을 이용하고 계시더라고요.

애랑 대상자를 계속 확보하려면 홍보를 많이 해야겠네요.

은실 그렇죠. 그래도 역시 지인들을 통한 입소문이 최고인 것 같아요. '서비스를 받았는데 여기 센터가 좋다더라. 요양보호사들 교육이 잘 되었더라.' 이런 입소문이요. 그런 얘기 듣고 기존에 하던 데서 옮기시려는 분들도 계셨는데 조심스럽더라고요. 상도덕에 어긋나기도 하고, 저희는 편법을 쓰기 싫고 원칙대로 해야 했으니까요.

재가센터가 구로건강복지센터에 누를 끼치면 안 된다는 걸 중요하게 생각했어요. 홍보도 좋고 수급자를 모으는 것도 좋지만 우리가 나가야 하는 방향에 맞춰서 일하는 것을 우선했어요. 그래서 초반에는 수급자가 많이 늘지 않았어요. 지금

재가센터
1주년 기념식,
2022

도 수급자들 등급 예측이 어려워요. 수급자 수를 일정하게 유지하는 게 항상 고민이죠.

애랑 재가센터가 2021년 개소 후 이제 5년이 되었네요. 올해부터 이용하는 어르신이 15명을 넘어 사회복지사도 새롭게 고용되었다고 들었어요. 어려운 시기를 거쳐 현재는 방문요양 기관으로 자리 잡은 거죠? 그동안 재가센터를 운영하면서 기억에 남는 돌봄 사례는 뭘까요?

은실 이야기를 시작하려니 돌아가신 분들이 생각나서 마음이 울컥해요. 다 기억에 남지만 제일 먼저 기억나는 건 첫 수급자 어르신이에요. 개소하고 일주일 만에 오셨는데 당시 어르신 연세가 100세였어요. 제 지인의 어머님이신데 저희가 서비스 시작하고 얼마 안 되어 100세 생신을 맞으셨어요. 요양보호사 두 분이랑 저랑 케이크 사가서 촛불 켜고 박수 치며 노래했는

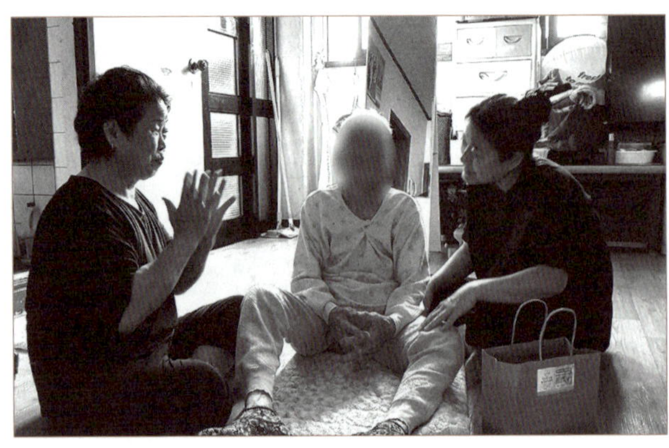

어르신 100세
생신축하 후
요양보호사들과
담소, 2022

데 어르신이 너무 좋아하시는 거예요. 저희가 1년 6개월을 서비스해 드렸는데 101세 생신 1주일 전쯤에 돌아가셨어요.

애랑 정말 좋아하셨을 것 같네요.

은실 또 한분이 생각나네요. 화원종합사회복지관에서 연결해 주신 분인데 50대 중반이었어요. 방문요양은 65세 이상이면서 등급을 받은 분들이나, 65세 이하여도 노인성 질환이 있는 분들이 대상이에요. 이 분은 젊은 나이에 파킨슨증후군으로 몸이 많이 쇠약해지고 근육이 굳어 있었어요. 우리 재가센터와 연결되었을 때 4등급이었는데 그만두실 때는 2등급이었어요.

점점 나빠진 거죠. 상태가 나빠지니까 계속 등급이 상향된 거예요. 1-2등급은 요양원에도 입원 가능한 등급이에요. 그분을 돌볼 때가 제일 힘들었던 것 같아요. 보호자도 없고 혼자 사셨어요. 젊고 인지가 되니까 본인의 죽음 이후 일을 스스로 다 준비해 놓으셨어요. 시신 기증도 하셨어요.

애랑 우리 재가센터와 인연이 닿아서 오신 분들이 생을 마치는 걸 지켜보는 건 정말 힘들 것 같네요.

은실 올해 8월에 돌아가셨어요. 자연스러운 일인데도 힘들어요.

혜경 그분은 시설이나 병원에 가지 않고 집에서 돌봄을 받고 싶다고 하셨어요. 그 소원을 센터장님이 요양보호사 선생님들과 함께 지켜준 게 아닐까요?

 의사는 요양병원에 가길 권유했지만, 그분이 집에 머물겠다고 했어요. 저는 병원에 가서 더 전문적인 돌봄을 받는 게 낫지 않을까도 고민했어요. 자주 넘어져서 항상 걱정됐거든요. 우리 재가센터에서 받는 서비스는 매일 3시간 뿐이에요. 나머지 시간은 혼자 지내야 하고, 한번 넘어지면 일어나기 힘들어서 다음 날 요양보호사 선생님이 갈 때까지 침대에 오르지 못하고 바닥에 계실 때도 자주 있었어요.

그러던 중 파킨슨증후군은 장애인 등록이 가능하다는 것을 알고 함께 주민센터에 가서 등록 신청을 했어요. 장애인 등록이 되면 장애인 활동보조 서비스를 받기가 가능하지요. 다행히 돌봐주는 요양보호사 선생님이 장애인 활동 지원사 자격증을 가진 분이었어요. 그 이후 시간은 성프란치스코장애인복지관을 통해 아침, 저녁으로 돌봐드렸어요.

우리 요양보호사 선생님이 되게 좋으세요. 근무 시간이 아닐 때도 한 번씩 들르고 운동도 그쪽을 코스로 해서 들여다보고 가세요. 가족처럼 잘 해주셨죠. 2년 정도 저희가 돌봐 드렸어요. 마지막에 악화되어 병원에 입원하셨어요.

면회를 갔는데 저희가 돌볼 때는 욕창이 없었는데 병원 가서 3-4일 만에 욕창이 생긴 걸 보니 좀 안타깝더라고요. 힘들어 하실 땐 요양원 가야 할 분을 우리가 붙잡는 거 아닌가

갈등을 많이 했죠. 그런데 결과적으로 우리가 최선을 다한 거구나 생각했어요. 이분의 돌봄 과정은 주민센터, 성프란치스코장애인복지관, 화원종합사회복지관 등 여러 기관과 연계했고 센터, 수급자, 요양보호사가 소통하며 좋은 돌봄, 커뮤니티 케어를 실천한 사례라고 생각해요.

혜경 저도 이분 항상 생각나요. 저보다 나이가 적은 분이라 안타까웠어요. 제가 병원 이동에 함께한 적이 있어요. 그 이후는 저희 차가 작아서 성프란치스코장애인복지관이 해주었죠. 고대병원 신경외과와 비뇨기과 진료를 마치고 카페에서 함께 커피를 마셨던 시간이 생각나네요.

은실 올해에는 유난히 어르신들이 많이 돌아가셨어요. 이런 일이 좀 어려운데 이사장님, 이사님, 사무국장님 모두 장례식장에 오셔서 함께해 주었어요. 위로와 든든함이 느껴졌어요.

애랑 잘 돌봐 드리던 분들이 생을 마치는 걸 같이 지켜보는 게 참 힘들 거 같아요. 힘들 땐 어떻게 하세요?

은실 힘들 땐… 힘들어도 사업을 시작해서 잘 진행되던 모습을 떠올리며 위로 받아요. 예를 들면 화원종합사회복지관에서 정서 지원사업을 제안받았을 때 마침 사랑방이 그 사업을 받을 준비가 된 참이라 바로 투입되고… 이렇게 순차적으로 굴러가는 재미를 느껴요.

신앙적인 얘기인 것 같지만요, 모든 게 다 준비되었고 그 길을 가도록 인도해 주시는 듯한 느낌이 들어요. 그래서 여기까지 잘 온 듯해요. 재가센터가 6년차로 넘어가는 이 시점에는 '풍족하진 않지만 양적 발전을 이루었으니 이제는 질을 높여야겠다, 인력이 모자라 못 했던 것들을 한번 생각하자'며 또 어떻게 나갈지 고민이에요. 이런 과정들이 재밌어요.

애랑 재가센터의 중요한 부분이 일하시는 요양보호사 선생님일 것 같아요. 우리 재가센터의 특징은 뭔가요?

은실 우리는 다른 기관보다 요양보호사 선생님 교육과 관리를 꼼꼼하게 해요. 그래서 다른 기관에서 일하다가 우리 센터에 오면 여기 너무 빡빡하다 그러세요. 예전 시스템에 익숙한 거죠. 우리는 최대한 설득하고 우리 기관에 맞게 교육을 열심히 해 드려요. 그러면 태그 전송력[05]도 좋아지고 어르신의 상태 변화 기록지도 잘 쓰셔요. 전문성이 생기는 거죠. 그리고 저는 요양보호사 선생님 근무할 때 불시에 방문해요. 앞치마는 잘 입었는지, 서비스는 잘하는지, 힘들어 하지 않는지 확인하고 평가 자료로 기록하고 연말에는 시상을 해요.

건강보험공단에서도 불시에 방문해 체크하므로 잘 관리해야 해요. 3년에 한 번씩 기관 평가를 하고, 7년마다 재지정

---

05. 어르신 서비스 후 앱을 통해 기록으로 보고하는 행위

심사를 받기에 신경이 많이 쓰여요. 그리고 법인에서 운영하는 곳이므로 원칙에 맞게 잘 운영해야 한다는 생각을 늘 해요. 센터가 그동안 이뤄온 역사에 누가 되지 않아야 하니까요. 매월 마지막 주에는 요양보호사 월례회의를 진행해요. 전문성을 위해 교육도 받지만, 요양보호사 선생님들이 만나 서로 정보도 교환하고 어려움도 나누며 친해지는 시간이죠.

애랑 요양보호사 선생님들이 빡빡하다면서도 재가센터를 좋아할 것 같네요.

은실 우리 재가센터에서 처음으로 일을 시작해 3년 넘은 선생님이 계셔요. 2022년에 들어오신 선생님인데 우리 재가센터가 친정이래요. 다른 센터를 통해서도 일을 하는데 비교가 되니까 우리가 잘 관리한다고 좋아하세요.

혜경 이 요양보호사 선생님이 우리네약국 단골손님이에요. 아저씨도 우리네약국을 이용하고요. 센터와 인연이 닿아 여기에서 직원으로 만나니 신기했어요. 세상은 이렇게 연결되는구나 새삼 깨달았죠.

은실 그분이 이번에 우수 요양보호사로 구로구청장 상을 타셨어요. 가족이 모두 오셔서 축하해 주셨고 저희도 모두 가서 축하해 드렸지요.

애랑 아까 센터장님이 "힘들어도 또 어떻게 나갈까 고민하는 과

구로구 장기요양
기관 종사자
어울림마당에서
박순옥
요양보호사(가운데)
구청장상 수상,
2025

정이 즐겁다"고 하셨는데 재가센터의 우선 과제가 무엇이라 생각하세요?

은실 우선 재가센터의 양적 성장이 제일 큰 과제여요. 그래야 인력도 확보하고, 하고 싶었던 것도 계획을 세울 것 같아요. 두 번째는 우리만의 이동돌봄 체계를 구축하고 싶어요. 이동이 가능한 분들은 요양보호사나 일반 자원봉사자의 도움으로 병원동행이 가능하지만, 거동이 안 되는 분들은 사설 기관을 이용하니까 몇십만 원씩 부담해야 해요. 사설 이외 공공에서는 방법을 찾기 어려워요. 이런 문제들을 해결하는 방법이 무엇일까가 우리의 향후 1-2년 내 과제여요. 지역 네트워크를 활용해 정책사업으로 가능한 방법도 찾는 중이어요.

박혜경
센터이사장의
어르신
가정방문 시
복약지도와
건강상담

은실 이사장님이 여기 계셔서 아부처럼 들릴지 모르는데⋯.(모두
쫑긋) 전 이사장님의 전폭적인 지원과 믿음이 우리가 일할 때
든든한 뒷배가 된다고 생각해요. 저희가 회의할 때 이사장님
은 항상 "우선 해보라"고 하세요. 일이 잘 안 돼도 "그럴 수 있
지. 다음에 잘하면 되죠 뭐" 하세요. 이사장님이라는 기둥이
너무 든든했어요. 항상 믿어주시니까.

　센터 분위기가 편안한지 사랑방 언니들이랑 회장님, 홍보
서포터즈 언니들이 자주 오세요. 반찬 갖다주시는 분도 계시
고 우리볼 아이들도 왔다 갔다 하면서 센터가 북적거리니까
그런 데서 힘을 얻어요. 완벽한 실현은 아니어도 그 길로 가는
중이고 우리가 추구하는 게 이런 거지 싶어요. 그 길 위에 함

께 거한다는 생각이 일을 추진하는 힘을 주는 것 같아요. 충전이 필요할 땐 대표님이 휴가를 길게 주세요.

혜경 아프니까 좀 쉬어야 해서 휴가를 주는 거지요 뭐.

은실 몰아서 쉬는 것도 좋더라고요. "저 쉴래요" 할 때 이사장님이 "어머, 어떡해요. 많이 힘드셨겠네요" 공감해 주면서 쉬라고 하니까 부담없이 충전이 가능해요. 달릴 때는 미친 듯이 달려가지만 "이제 다리 부러질 것 같아요" 하면 바로 쉬게 해주시잖아요.

애랑 부러지면 안 되니까.(다 같이 웃음) 이제 인터뷰 마무리할 시간이니 마지막으로 가볍게 한 말씀씩 해 주세요.

은실 예전부터 추진하고 싶었던 것 중 하나가 휴식 공간 만들기였어요. 한쪽에는 릴레이 필사가 가능하게 책과 공책도 놓고요. 쉬고 싶은 사람은 언제라도 와서 조용히 쉬고 우리도 쉬고요. 이런 게 진짜 커뮤니티 케어 아닐까요.

혜경 약대 다닐 때부터 약국 옆에 빵집도 같이하는 상상을 했어요. 빵집은 아니어도 센터 옆에 카페를 하면 좋겠네요.

은실 한 번 추진해 볼까요?(다 같이 웃음)

근애 음… 진짜 건강한 공동체가 잘 마련되면 좋겠어요. 여기서 태어나고 자란 사람, 아니면 중간에 이사 왔더라도 서로 편하게 안부 인사 나누는… 지금의 우리 모습이 유지되고 좀 더 발전하면 좋겠어요. 제가 거기에 일조하고 싶고요.

혜경 두 분의 바람이 꼭 이루어지면 좋겠네요. 재가센터 공간과 실무자 한 명만 준비된 상태에서 공공성까지 잘 갖춘 방문요양센터로 일구어 가는 센터장님에게 감사드려요. 그리고 자원봉사로 시작해 사무국장으로 일하면서 많은 회원이 센터 사업에 함께하도록 애쓰는 사무국장님에게도 감사드립니다.

1991년 5월, 우리네약국 창립 이후 약사 6명이 약국을 운영하면서 건강한 지역공동체를 위해 함께해 온 활동과 시간이 이렇게 이어진다는 게 새삼 아름답게 다가옵니다.

청소년 자원봉사 동아리 우리Vol

센터 26년 활동에 약방의 감초같이, 행사 분위기를 싱그럽고 통통 튀게 만들어 주는 청소년 자원봉사 동아리 우리Vol(이하 우리볼). 2004년 어르신 도시락 배달봉사로 시작한 우리볼은 지금까지 20년 넘게 다양한 지역 자원봉사의 모델을 창조하고 실천해 왔다. 센터 같은 비영리 단체들의 공통된 고민은 후배들이 충원되지 않아 조직의 유지가 어려운 것인데 우리볼은 끊임없이 새내기들이 문을 두드리는 신기한 곳이다.

이번 인터뷰 주인공들은 이제 직장인이 된 우리볼 초기 회원부터 현재 봉사활동을 하는 학생까지 3명이다.[06] 앞의 여러 인터뷰들이 약국과 센터의 과거 이야기 위주였다면, 이번 인터뷰는 과거로부터 현재까지 쭉 진행형이다. 한창 내신에, 학원 공부에 바쁜 아이들을 20년 넘게 끊임없이 유인한 우리볼의 매력은 무엇일까? 우리 아이들과 젊은이들의 생얼을 보는 것만으로도 기분이 좋아 편집하지 않고 그대로 공유하고 싶어졌다. 그래서 다른 인터뷰와 달리 많은 분량이지만 우리볼의 매력에 함께 빠져보길 바라며 그대로 옮긴다.

혜경 우리네약국이 35년, 센터가 26년이 돼서 활동 기록을 남기려고요. 처음 10년은 약국으로 활동을 했고 나머지 26년은 센터 활동을 한 거예요. 센터를 빼고는 약국 얘기를 하기 어려우니 센터와 약국의 지난 시간을 함께 돌아보려 해요. 센터 활동 중에 독거 어르신 건강권 활동은 우리볼이 제일 열심히 해왔죠. 센터는 2002년부터 독거 어르신 도시락 배달을 시작했어요. 2004년에 우리볼이 생기면서 도시락 배달뿐 아니라 생일 파티, 말벗도 해 드리고 같이 놀러도 갔어요. 요즘도 게임을 함께하면서 어르신들 건강을 위한 활동을 하지요. 우리볼이

06. 이동준(2005-2008년 우리볼 활동, 현 부천시청 재직 중인 사회복지사. 구로건강복지센터 이사), 조윤정(2016-2018년 우리볼 활동, 현 사회적기업 상상우리 재직), 오미경(2024-현재 활동, 고1 재학)을 박혜경, 김현옥이 만남. 구로건강복지센터 사무실, 2025.8.20

기록으로 잘 남도록 편하게 얘기하면 좋겠어요.

현옥 미경 학생 요즘 우리볼에서 어떤 활동을 하나요?

미경 정서지원 사업으로 작년에는 어르신 댁을 직접 찾아가서 진행했어요. 같이 목걸이를 만들고 추석에는 송편도 만들었어요. 올해는 어르신 분들이 여기 센터에 오셔서 보드게임을 같이해요.

혜경 토요일 오후에 우리볼 친구들이 여기(센터)를 카페처럼 테이블을 새로 세팅하고 준비하면 어르신들이 오셔서 우리 친구들과 보드게임을 하면서 노세요. 놀면서 대화도 하고요. 근데 쑥스러워서 얘기는 못 하고 놀이만 하기도 해요. 서로 얘기하면서 이렇게 놀다가 가시는 거죠.

현옥 원래 계속 교류하던 분들인가요?

할머니와
함께
송편 만들기

혜경 혼자 살면서 이동이 가능한 분들은 재가센터에서 정서 지원 프로그램으로 추천해서 오시고 센터 통해 새롭게 오시는 분도 계시고 다양해요.

윤정 지금은 도시락 배달은 안 하나요?

혜경 2019년부터 성공회 영등포푸드뱅크 지원이 끊겨서 중단됐어요. 지금은 정서 지원 활동을 주로 하지요. 청소년들이 어르신들과 재밌게 진행하는 놀이나 게임을 개발해서 어르신들과 즐거운 시간을 보내는 거죠.

현옥 어르신들을 얼마나 자주 만나나요?

미경 각자 한 달에 한 분씩 1년에 세 번 만나요.

혜경 센터의 성인 자원봉사자 모임인 '사랑방' 회원 분들이 한 달에 한 번 정기적으로 어르신 댁을 방문하는 자원봉사를 해요. 우리볼 학생들은 올해부터 센터에 오시는 분을 대상으로 활동하고요. 요즘 학생들 너무 바쁘잖아요. 평일에는 학원가는 날이 꽉 차서 시간을 맞추지 못해 주로 토요일에 활동해요. 어르신들 만나는 건 방학 위주로 1년에 3회 하고요.

현옥 한 학생이 1년에 3회 어르신들을 만나는 거군요. 3회로 정한 이유가 뭐죠?

혜경 매년 10개월 정도 활동을 하는데 초기에는 역량 강화도 해야 하고 친목도 도모해야 하고 자원봉사자 교육도 받아야 해요. 그렇게 몇 달 하고 나서 실전 활동하고 그 다음에 그걸 정리하고 발표해요. 이렇게 프로그램 순서대로 따르니까 어르신과 함께하는 체험이 올해는 3회 됐어요. 올해 평가 결과, 내년에는 좀 더 많이 하자 했으니 더 늘려야죠.

현옥 미경 학생은 뭐가 제일 기억에 남아요?

미경 작년에 어르신 댁 갔을 때가 여름이었는데 밖에 날씨가 엄청 덥잖아요. 원래 어르신들은 혼자 계시니까 에어컨을 틀지 않는 분들이 많은데 저희 온다고 미리 켜 놓고 기다려주신 게 너무 감사했어요.

현옥 에어컨은 정부에서 지원하는 건가요?

혜경 전기세는 지원해 주는 걸로 알아요. 에어컨 자체는 지원하지 않고요.

동준 에어컨을 지원해 주기도 하는데 지원 대수가 워낙 적어요.

미경 그리고 문도 미리 열어 놓고 기다리세요. 그게 너무 좋은 거 같아요.

혜경 학생들 오는 게 너무 좋으신가 봐요. 작년에는 몇 번 했죠?

미경 작년엔 좀 많이 했던 것 같아요. 초복인가 말복 때 삼계탕도 드리고, 추석 때도 갔으니까 다섯 번은 갔을 거예요.

현옥 그럼 매번 갈 때마다 같은 분을 뵙나요?

미경 네. 올해는 같은 분을 뵈었어요. 작년에도 계속 같은 분.

현옥 그럼 계속 지금 한 분이랑 작년부터 올해까지?

미경 아니요. 작년과 올해 어르신은 다른 분이세요.

혜경 작년엔 거동을 못 하시는 분들을 찾아가는 활동이었고 올해는 센터로 오시는 분들을 뵈어요.

현옥 그럼 한번 방문하면 1시간 정도 걸려요?

미경 네. 1-2시간 정도요.

현옥 만나 뵙고 말씀 나눠보면 어때요?

미경 아무래도 주기가 한 달씩이니까 매번 봬도 뵐 때마다 약간 어색하긴 한데 좀 지나면 옛날 이야기도 많이 해주시고 하니까 그런 거 듣는 것도 재밌고 그래요.

현옥 어떤 옛날이야기를 해주세요?

미경 한국뿐만 아니라 다른 나라에서 오신 분도 계시거든요. 옛

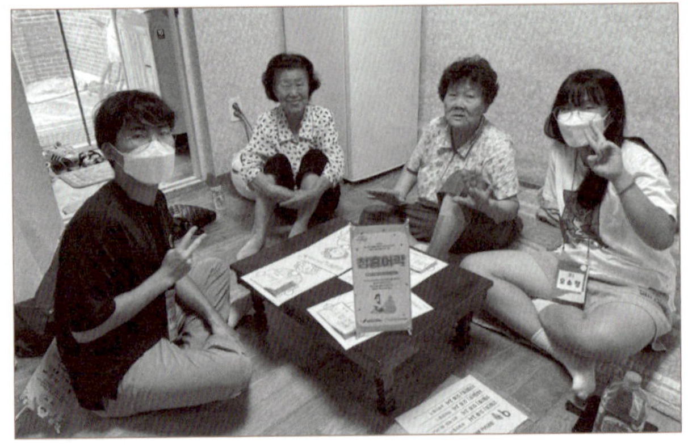

어르신 댁에서
자기 소개하기

182

날에 어릴 때 어떻게 살았다, 어떤 직업을 가졌다, 이런 것도 다 얘기해 주셔서 신기해요.

현옥 한국 말고 어디 분들이요?

혜경 중국동포 어르신들은 아주 초창기에 한국에 이주했어요. 그분들 중에 호적이 이곳인 분들은 국적을 바로 따셨어요. 주로 경상도 분들이 많더라고요. 아버지 때, 할아버지 때 경상도에서 연해주나 그런 쪽으로 이주를 많이 하셨대요. 호적이 여기 남았으니까, 그 호적의 친척들이 초대를 하면 바로 오셔서 국적도 바로 취득 가능한 그런 세대인 거죠.

그분들이 지금 80대가 되셨어요. 정착을 잘하신 분들은 괜찮은데 생활이 어려우신 분들은 국가 지원을 받으세요. 작년에 방문했던 어르신 중에 두 분이 연해주, 하얼빈에서 살던 분들인데 거기서 너무 추웠던 얘기를 들은 기억이 나요.

현옥 그분들은 일제 강점기 때 이주하신 거죠?

혜경 그쵸. 못살고 어렵고 가난하고 먹을 게 없어 그쪽으로 가신 거죠.

현옥 독립운동 후손인 분들도 계신가요?

혜경 여쭤 봤는데 독립운동 후손은 아니시더라고요.

현옥 엄청 고생한 얘기 많이 하셨겠네. 그런 얘기 들으면 상상이 가요?

미경 솔직히 아무리 상상해 봐도 실제에 비해 사실 너무 조금일 것 같아서 상상이 안 가요.

현옥 얘기하시면 "그러셨어요", "힘드셨겠어요" 이렇게 맞장구치고 그래요?

미경 그렇게 말하려고 노력해요, 계속.

현옥 봉사하기 전에 생각했던 거랑 실제로 만나 뵈니까 다른 게 있어요?

미경 좀 있는 것 같아요. 원래 제가…제 입으로 말하긴 그런데 남 도와주는 걸 좋아해요. 그래서 전부터 봉사를 하고 싶었는데 어디서 하는지 알지 못했어요. 중2 때까지 못 하다가 중3 때 친구가 물어보는 거예요, 하겠냐고…. 그래서 흔쾌히 하겠다고 했어요. 그전에는 길거리에서 뭘 줍거나 그런 봉사를 생각했는데 여기 와서 직접 어르신들이랑 만나니까 끝나고 나서 뿌듯함이 와요. 특히 나중에 일지 쓸 때 좀 그래요.

현옥 동준 씨나 윤정 씨는 어땠어요? 동준 씨는 벌써 20년 전 일이고 윤정 씨는 6~7년 전 일인데 후배 얘기 들으며 어때요?

동준 저도 친구가 먼저 우리볼 봉사를 했기에 친구 제안으로 시작했어요. 사실 어르신 찾아뵙고 이야기한다는 것 자체가 쉽지는 않았던 것 같아요. 저희 때는 1주일에 두 번씩 도시락 배달을 해드렸어요. 지역을 고정해놓고 그 집만 계속 한 달에 한

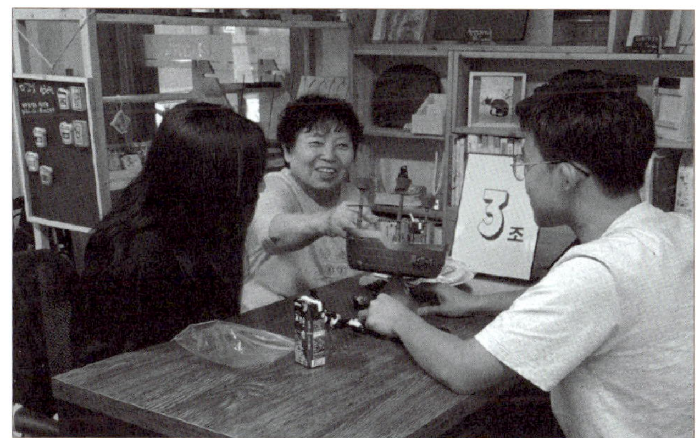

우리볼과
보드게임 하며
즐거워하시는
어르신

번씩 바꾸면서 갔었어요. 구로3동, 4동, 가리봉동 이런 데를 바꾸면서요. 거의 스무 집 가까이였던 걸로 기억해요.

현옥 1주일에 두 번이면 진짜 빡셌는데요?

동준 맞아요. 근데 그 시절에는 친구들도 그렇고 지금처럼 학원을 많이 다니지 않아서 사실 여기에 놀러 온다고 생각했어요. 밖에서 놀 곳이 많지 않으니까. 놀면서 그렇게 봉사를 했어요. 그때도 가다가 안 가면 어르신들이 엄청 기다리세요. 왜 안 왔냐고 물어보시고. 그때 기억이 새록새록 나네요.

현옥 도시락 전해 드리면서 같이 얘기도 나누고 그랬나요?

동준 얘기를 나누려고 노력은 했는데 그때는 너무 어려서 어르신들이 많이 어렵더라고요. 얘기를 건네기는 하지만 많은 얘기를 하기는 좀 힘들었어요. 몇 년 지나고 나서야 조금씩 얘기를 했던 듯해요.

(도시락 전달) 집을 워낙 많이 가니까 오랫동안 앉아서 얘기할 시간이 부족하기는 했던 것 같아요.

혜경 당시에 도시락을 지원해 주던 영등포 푸드뱅크에서 도시락이 1주일에 한 번 왔었는데 갑자기 도시락을 두 번 줄 테니까 받으시겠냐고 묻는 거예요.

어려운 어르신들이 많으니까 무조건 오케이 해놓고 아이들한테 물어보니 좋다고 하더라고요. "너희들 두 번도 가겠니?" 물었더니 하겠다고….

현옥 그럼 한 번에 몇 군데 배달해 드렸어요?

동준 지역별로 다르긴 한데 많을 때는 6-7군데도 갔었고 적을 때

는 한두 곳 가기도 했지요.

현옥 1주일에 두 번이면 정말 그거로 거의 일주일 끼니를 해결하시기도 했겠네요.

혜경 어르신들이 엄청 기다리고 계시긴 했어요. 영등포 푸드뱅크에서 오전에 조리해서 여기에 가져오면 학생들이 오후에 수업 끝나고 3~4시에 와서 배달했어요.

현옥 그럼 그분들 저녁으로 드셨겠네요.

혜경 윤정 씨도 도시락 배달했었죠? 일주일에 한 번.

윤정 거의 도시락 배달 위주 활동을 했어요. 일주일에 한 번 금요일마다 모였어요. 저도 마찬가지로 친구들 만나는 날이었죠. 모이면 같은 고등학교 친구들도, 다른 고등학교 친구들도 다 만났지요. 학교에서는 막 서먹서먹하고 인사도 안 하던 남자애들이나 다른 반 친구들이 몇 명 있는 거죠. 그러면 한 스무 군데 정도를 10명이 나눠서 "오늘은 내가 가까운 데 가겠다"고 주장도 하고 그러면서 갈 곳을 정했어요.

배달을 한 군데 가는 날이면 어르신들이랑 얘기를 많이 했던 것 같아요. 가면 항상 여러 말씀을 많이 해주세요. 이야기를 하고 "조금만 더 얘기하다 가라" 이러시면 저희가 다음 배달 갈 데가 남았다고 말씀드리죠. 가끔은 "왜 그 친구 요즘 안 오냐"면서 특정 친구를 찾으시기도 하고요.

동네 로마니나
빵집에서 후원한
케이크로 어르신
생일을 축하하는
우리볼

현옥 어르신들이 정말 반갑게 맞이해 주셨네요.

윤정 맞아요. 담배를 많이 피우는 어르신은 저희 온다고 일부러 그 날은 담배를 안 피우고 저희를 기다리고 계셨지요.

현옥 문 열어 놓고 냄새도 빼고 그러셨겠네요.

윤정 맞아요. 보통 반찬통을 수거하면서 새 반찬을 드리는데요. 어르신이 집에 안 계셨어요. 그런데 반찬통에 '학생들 반찬통 가져가세요' 이런 내용으로 메모가 있었는데 맞춤법이 다 틀린 거예요. 그래도 저희를 생각해서 이걸 적어놓고 따로 빼놓고 나가신 거죠. 그런 일로 감동받기도 했지요. 특정 어르신이랑 친해졌다기보다는 매번 오늘은 어딜 갈까, 이런 모험심이 좀 더 많았던 것 같아요.

188

혜경 윤정 씨까지는 대학을 가기 위해서 봉사 점수가 1년에 스무 시간 의무였는데 코로나 이후 그게 없어졌어요. 지금은 외부 봉사활동을 생활기록부에 못 쓰고 교내 봉사활동만 기록해요.

윤정 맞아요. 대입 반영이 안 되니까 다들 안 해요. 내신 챙기는 게 더 중요하니까요.

현옥 전에 의무 봉사 시간이 스무 시간일 때는 아이들 분위기가 어땠어요?

동준 애들이 봉사에 대해 의미를 둔다기보다는 그냥 필수로 해야 하는 스무 시간만 딱 채우는 경우가 다수였어요. 근데 우리볼 활동하던 친구들은 봉사 시간 때문이라고 보기는 좀 어렵고 봉사활동이 재미있으니까 여기 왔었던 것 같아요.

현옥 그럼 그때 우리볼 친구들은 스무 시간 이런 거 개의치 않고 훨씬 더 많이 했겠네요.

동준 그렇죠. 여기 오는 친구들은 애초에 그렇게 단기적으로 잠깐 왔다 가진 않았어요. 그런 친구들은 처음부터 아예 받지도 않았고요. 최소한 1-2년은 하다가 무슨 일이 생기면 못하는 경우가 대부분이었어요.

혜경 그때는 몇 회 이상 안 오면 삼진아웃하고 그러기도 했어요. 지각 몇 회 하면 페널티도 주고요. 그러다가 나중에 잘하겠다고 또 오고 회장들이 출석 관리하고⋯. 도시락을 배달할 때는 매주 와야 했어요. 만약 누가 안 오면, 내가 두 집 가서 즐겁게 해야 되는데 네 집을 가야 하니까, 그런 규칙이 필요했죠. 지금은 10명 정도가 활동하는데 당시에는 15-20명까지도 있었어요. 미경 학생은 봉사활동을 열심히 하는데 이유가 무엇일까요?

미경 저는 이런 게 너무 즐거워서 주말에 웬만하면 다 나오려고 해요. 왜냐하면 어르신들은 저희를 기다리니까 제가 1-2시간만 만나도 그분들은 하루가 행복해지기도 하잖아요. 저희랑 이야기 나누는 게…그래서 하게 되는 것 같아요.

현옥 혹시 나중에 사회복지사 쪽으로 진로를 생각하나요?

미경 하고 싶다는 생각을 하긴 했었어요. 남을 돕는 게 즐거우니까요. 학교에서 진로 검사를 하면 가끔씩 사회복지사가 나오기도 하거든요. 그래서 생각을 해봤죠. 지금은 고1이니까 아직 진로를 찾는 시기에요.

혜경 동준 씨랑 윤정 씨는 사회복지사인데 여기 센터에서 한 활동이 어떤 작용을 했나요?

동준 저는 여기 활동이 가장 큰 영향을 미친 게 맞는 것 같아요. 원래는 다른 일을 희망하고 있었는데 봉사를 해보니 즐거웠어요. 사실 그분들을 위해서 했다기보다는 저를 위해서 한 것 같아요. 하면서 보람도 느껴서 꾸준히 했고 이걸 직업으로 갖고 싶다고 생각해서 전공까지 하게 됐죠. 근데 일보다는 취미로 할 때가 더 좋았던 것 같아요.(다 같이 웃음)

혜경 윤정 씨는 어때요?

윤정 저도 사회복지를 전공했고 사회복지사 자격증이 있지만 지금은 사회적경제 기업에서 일해요. 우리볼 활동이 제가 사회복지학과를 전공하게 되는 데 엄청 큰 영향을 준 건 맞아요. 일주일에 한 번씩 와서 봉사하면서 '이런 일은 왜 일어나지?' '어르신들이 왜 이렇게 열악한 환경에 살지?' '이런 도시락 활동이 왜 필요하지?' 이런 것들을 고민하는 기회가 많아지니까 '사회복지가 진짜 필요한 거구나' 해서 사회복지학과를 갔지요.

사회복지사가 되는 게 목표이긴 했지만 그것보다는 사회복지가 무엇인지 공부를 더 해보고 싶다는 마음이었어요. 지금 일하는 곳에서는 공공기관 인턴들에게 교육을 지원하거나 기업에서 봉사하는 걸 기획하고 운영하는 사업들을 맡았어요. 사회복지사 관련 일을 하고 싶은 마음이 아주 크긴 한데요. 앞으로 제 진로가 어떻게 될지는 저도 잘 모르겠어요.

현옥 동준 씨는 지금 어떤 일을 하나요?

동준 저는 졸업하고 민간 종합복지관에서 2년 정도 일했는데 너무 힘들더라고요. 업무량이 너무 많고 야근도 잦아서 개인 생활을 거의 못했어요. 자리를 못 잡고 고민하다 공무원 시험을 준비해 2018년부터 사회복지 공무원으로 일하네요. 지금은 부천시청에서 장애인 단체를 지원하는 일을 해요.

현옥 봉사를 이렇게 일로 하게 되니 그 전과는 느낌이 다른가요?

동준 그렇죠. 공무원이다 보니 누구를 돕고 그러기는 좀 어려운 상황이라 봉사는 따로 하게 되네요. 주말이나 평일에 퇴근하고 집 근처 복지관에서 야간 프로그램하는 걸 좀 돕습니다.

혜경 부천시 공무원이 부천 지역 복지관에서 활동하면 되게 좋아하겠네요.

동준 부담스러워 하더라고요. 뭔가 걸릴까 싶어서….(다 같이 웃음) 업무적으로 연관이 안 되기 어려우니까, 실무자 분들은 괜찮은데 윗분들이 좀 불편해 하세요. 저는 그냥 제 할 일만 하고 관심 없는데도요.

혜경 동준 씨는 학생 때부터 꾸준히 봉사를 하는 게 참 남다른 것 같아요. 선배들 얘기가 미경 학생 진로 고민에 도움이 됐을지 모르겠네. 미경 학생이 활동하는 걸 옆에서 보면 어르신들하고 공감을 참 잘해요. 항상 웃어주고 그래서 상담 활동 같은 걸 참 잘하겠다고 생각했어요.

요즘은 이렇게 어른과 학생이 만나서 소통하고 길게 얘기하기가 어려워요. 뭘 물어봐도 짧게 답하고 끝나니까 더 이상

질문하기가 어려운데 여기 오는 학생들은 이런 활동을 하니까 좀 다르긴 하더군요.

현옥 미경 학생은 할머니, 할아버지가 계세요?

미경 양쪽 다 할머니만 계세요.

현옥 할머니께 너무 예쁜 손녀일 것 같아요.

미경 글쎄요. 제가 그렇게 잘하는 편은 아니어서요. 그런데 이번에 생각을 좀 많이 하게 됐어요. 어르신 댁을 가거나 이렇게 직접 뵙고 활동하다 보면 좋아하시는 게 눈에 보이잖아요. 근데 남의 가족 어르신들한테는 내가 이렇게 잘하는데 우리 할머니한테는 얼마나 잘하나 생각하게 돼요. 그래서 좀 더 잘하려고 노력하는 중이에요.

현옥 어르신들과 하는 보드게임은 어떤 거예요?

미경 도블 혹시 아세요? 그거랑 좀 비슷한 건데 쌍쌍게임이라는 거예요. 여러 가지 그림 중에 똑같은 그림을 찾는 게임이에요. 어르신들 알기 쉽게 초롱불, 조리개 이런 그림인데 너무 쉽게 맞추서서 별로 재밌어하지 않으시더라고요. 다른 보드게임은 규칙이 어려우니까 이건 괜찮을까 싶었는데 생각보다 너무 쉽게 하시는 거예요. 그다지 즐거워하지 않으시고 빨리 끝나서 저희가 다음엔 다른 보드게임을 갖고 갔어요.

그건 처음 것보다 어려운데 되게 즐거워하시는 거예요.

왜냐하면 저희가 쌍쌍게임을 할 때는 약간 봐 드리면서 천천히 맞췄어요. 그런데 두 번째 거는 진짜 랜덤으로 두 번을 했는데 두 번 다 1등을 하셨거든요. 그리고 엄청 좋아하시는 거예요. '아, 우리가 너무 단순하게 생각했구나' 싶었어요. 저희가 어르신들 뵙기 전에 저희끼리 다 해보고 그중에서 쉽지 않을 거 같은 걸 고르는데 막상 해보면 되게 잘하시는 거예요. 우리가 너무 편견을 갖고 생각한 것 같아요.

혜경 쌍쌍카드에 고스톱의 똥광, 싸리, 매조 이런 게 들어서 더 즐거워하고 잘 맞추시는 것 같아요.

미경 저희는 그게 뭔지 몰라 대답을 못 하는데 어르신들은 다 아시니까.(다 같이 웃음)

현옥 어떻게 어르신들과 보드게임을 할 생각을 했지? 너무 신기한 것 같아요. 며칠 전에 아버지랑 동네 노인복지관에 갔는데 장기, 바둑, 탁구, 당구 이런 것만 하더군요. 보드게임도 하면 참 재밌을 텐데.

혜경 요즘은 시니어 보드게임 자격증도 나와서 시니어들이 좋아할 만한 게임들을 잘 선택해서 놀아요. 놀이를 통해 뭔가 치유하는 그런 것도 많아요.

현옥 치매 예방에도 좋겠어요.

혜경 맞아요. 치매 예방에 관련된 게임도, 어려운 것도 많아요.

현옥　그런 보드게임이 여기 센터에서도 다 하나요?

혜경　그럼요. 인터뷰 끝나고 게임하면서 놀고 가요.(웃음) 그냥 대화하는 것보다 놀이하면서 대화하는 게 더 좋은 것 같아요. 얼마 전에 여기 온 할아버지는 8월에 할머니가 돌아가셨어요. 할아버지랑 항상 같이 오시던 치매 어르신이셨어요. 여름 휴가철이고 해서 한 달 반 만에 모였는데 그 사이 할머니가 돌아가신 거죠. 할아버지 혼자 오셨는데 게임하며 굉장히 많이 웃고 가셔서 우리 친구들이 너무 뿌듯해했죠.

현옥　지금 들어도 기분 좋은 얘기네요. 어떻게 보드게임을 하게 된 거죠?

혜경　2004년에 시작한 우리볼이 어르신 도시락 배달, 말벗 활동을 하다가 2017년에 놀이 동아리인 '우리볼 비타민'(이하 비타민)을 만들고 2018년에 정책 활동을 하는 '우리볼 반디'(이하 반디)를 또 만들어서 우리볼이 3개가 되었죠. 그러다 2019년에 지원이 끊겨 도시락 배달을 안 하고, 반디는 2년 동안 정책활동을 하다 끝나고, 지금은 비타민만 남아서 현재까지 이어지는 거여요. 윤정 씨 있을 때 비타민, 반디 모두 만들었어요. 그때 비타민은 놀이터 같은 데서 활동하고 그랬던 것 같은데.

윤정　비타민이 처음 생긴 이유가, 구로3동 주민센터 뒤쪽에 생긴 놀이터 정자에 항상 어르신들이 나와 계신 거예요. 추울 때나

우리볼 비타민
단합대회

더울 때나 항상 계셔서 그때 사무국장이셨던 서해순 선생님
이 지나가다 그런 생각을 했대요. '어르신들은 집이 더 편하실
텐데 왜 항상 놀이터에 나와 계실까?' 그래서 저희한테 의문
을 제기한 거죠. '왜 어르신이 매일 이런 길가에 나와 계시는
걸까? 모여 계시는데 말씀도 많이 안 하시고.'

저희도 왜 그럴까 생각했어요. 집에서는 혼자 심심하니까
계속 나오신다는 거예요. 그래서 비타민을 만들었어요. 처음
에는 그 놀이터를 돌아다니면서 어르신들에게 말을 걸고 놀
고 그러다가 여기 센터로 초대하고 저희가 찾아가기도 했죠.

현옥 어머 너무 기특하다. 창의적이고 감동적이야.

윤정 그러면서 보드게임으로 정착이 됐고 처음에는 한 어르신
집에 다 모여서 활동하고 그랬어요.

현옥 어르신들이 모여 계시면 그냥 가서 말을 걸고 하는 게 쉽지 않았을 텐데. 강남이나 그런 잘 사는 동네에서는 절대로 하지 못할 행동이겠는데 구로동만의 특별한 분위기겠네요.

혜경 "우리가 놀아 드릴까요?" 이렇게 먼저 한 것 같아요. 근데 거기가 협소하니까 복지관 빌려서 어르신들을 거기로 오시게 해서 놀아드리기도 했고.

현옥 리크리에이션, 게임 이런 거 했어요?

혜경 게임을 개발하더라고요. 다 같이 하는 게임으로 팀 나눠서 어르신 한 명, 학생 한 명이 팀이 돼서 경쟁하는 그런 게임요. 그러다 코로나 때 중단돼서 놀이 키트 만들어 보내드리다가 지금은 정서 지원으로 비타민이 이렇게 이어지는 거죠.

윤정 저는 우리볼이랑 반디 활동을 주로 했는데 반디가 했던 활동도 좀 말씀드릴게요. 이런 것도 했었어요. 우리볼에서 도시락 배달하며 보니까 골목이나 언덕이 많았어요. 저희는 일주일에 한 번씩 왔다 갔다 하는 길이지만 어르신들은 거기가 집이니까 항상 왔다 갔다 하실 거 아니에요.

겨울엔 언덕이 진짜 미끄러울 거예요. 이게 문제겠다 싶어서 안전 손잡이, 안전봉 같은 게 있으면 좋겠다고 생각했어요. 우리가 다니는 길 중에 안전 손잡이가 없는 길들을 다 조사해서 사진을 찍어 문서로 만들어 구청에 보냈어요.

현옥 대박! 그래서 어떻게 됐어요?

윤정 답이 안 왔죠.(웃음) 구청 홈페이지에 있는 민원 이메일로 보냈는데 답이 안 왔어요. 조사하면서 어르신들한테 "여기 겨울에 어떻게 지나다니시냐, 여름에 그늘 하나 없는데 괜찮으시냐" 여쭤봤어요. 저희가 방문했던 어르신들한테도 근처 길 중에 제일 언덕길이 어디냐 이런 거 물어보고…. 그렇게 돌아다니는 것 자체가 좋았던 것 같아요.

혜경 물어보고 다닐 때 중학생이어서 쭈뼛거리기도 하고 힘들었을 것 같은데 어땠어요?

윤정 안 힘들었어요. 저는 개인적으로 말을 거는 건 어렵지 않았는데 그때가 여름이어서 막 땀이 줄줄줄 흐르고 너무 더워서 힘들었죠.

현옥 많은 학생이 어렵게 만든 좋은 자료인데 아쉽네요.

혜경 이 주제는 정책활동으로까지 이어지진 못했지만 '지역 정책활동으로 이렇게 가능하겠구나' 이런 걸 청소년들이 배울 만한 기회였죠. 그리고 나중에 보니 구로시장에서 구로4동으로 올라가는 길이 좀 가파른데 거기 열선을 깔았더라고요. 눈이 오면 열선이 작동해서 눈을 녹게 한 거예요.

윤정 나중에 그걸 알게 돼서 우리끼리 농담으로 "우리가 기여를 한 것 같다"고 했지요.(다 같이 웃음)

혜경 맞아. 그때 질문했던 것들이 나중에 다른 방식으로 답이 되어 나오기도 하지요. 그때그때 질문을 해놓으면 답이 바로 안 나와도 나중에는 그 아이디어를 다른 방식으로 쓰기도 하는 것 같아요. 그래서 질문하는 게 중요하다고 생각해요.

현옥 우리볼 친구들이 이렇게 훌륭한 일을 했구나.

혜경 윤정 씨 때가 청소년 담당 선생님이 따로 계셔 조금 더 다양한 사업들이 가능했어요. 청소년 사업이 가장 활발했던 시기였죠. 그때 졸업한 친구들 모임인 '우리(URI)'도 만들었었죠? 윤정 씨가 주도했던 것 같은데.

윤정 맞아요. 제가 주동자입니다.(다 같이 웃음) 원래 졸업하면 1-2년 정도는 선생님을 도와서 청소년 활동 멘토 역할을 해 왔는데 제가 졸업할 때 코로나 때문에 못 했어요. 대신 졸업한 친구들이 이탈되지 않고 계속 연락을 이어 나가자는 목표로 무엇을 할까 고민했지요. "걷기 인증을 해 보자, 만보기 앱이 핸디폰에 들었으니 코로나로 모이지는 못 하지만 같은 시간에 서로 다른 곳이라도 걸어 보자"고 했죠. 일주일 동안 걸음 수를 캡처해 제일 많이 걸은 사람에게 상을 줬어요. 안 걷다가 많이 걷게 된 사람한테도 상을 주면서 가끔 봤지요.

혜경 그때 인원이 가장 많았고 활발하게 활동한 팀이어서 계속 모일 것 같은데 지금도 만나나요?

윤경 대학생이 되니까 다른 지역으로 가거나 해외로 가고, 아니
면 일이 생겨 모이기가 힘들더라고요. 그래도 가끔 만나요.

혜경 동준 씨는 어때요?

동준 이제 다 떨어져서 사니까 좀 만나기가 힘들어요. 가끔 한 번
씩 연락해서 만나기는 해요. 늘 보는 몇 명만 모였는데 이제
다들 결혼하고 그러니까 만나는 게 쉽지는 않더라고요.

현옥 다들 중고등학교 때 우리볼에서 재밌게 활동을 했네요. 새
롭게 뭔가를 해 보려고 시도도 하고요.

윤정 저는 정말 재밌고 열심히 활동했어요. 고등학교 2학년 때
진짜 제 인생에서 제일 활동을 많이 하면서 재밌었던 거 같아
요. 반디에서 안전봉 설치를 건의한 거 말고도 한 가지 활동을
더 했었는데 그것도 기억에 남아요. 생리용품 지원하는 모금
활동을 두 번 했어요.

　한 번은 구로 아트밸리 앞 공터에서 1일 카페 캠페인을 했

어르신과 함께
송편,
유부초밥 만드는
우리볼

어요. '우리 학생들이 이러이러한 활동을 하고 이런 사회 문제에 대해 기부를 좀 해 주시라' 했어요. 커피 한 잔씩 팔면서 모금을 했고, 두 번째는 여기 센터에서 1일 식당을 했어요. 구로 시장에서 떡볶이 떡을 뽑아 와서 친구들이랑 만든 조리법으로 떡볶이를 만들어 팔았어요. 센터 분들이나 주변 어른들한테 홍보해서 '드시러 오세요' 해서 모금을 했네요.

현옥 그때 얼마나 모았어요?

윤정 많이는 아니고, 50만 원은 안 되고 30만 원이었나? 재료비는 사업비로 해 주시니까 모은 돈으로 어떤 걸 살 건지 얘기하다가 생리대랑 생리가 새지 않게 해주는 위생 팬티로 정했어요. 주문 포장해 나눠 주려다 보니 이게 좀 뭐랄까… 같은 또래고 같은 지역에 사는 친구들한테 주려다 보니까 대면을 하면 낙인 효과가 날 것 같은 거예요. 도와주는 것 같잖아요. 그렇게 하기는 싫어서 그냥 상담복지센터에 그걸 통째로 드리고 받은 친구들한테 익명으로 만족도 조사를 받았어요.

현옥 한 가지 활동하는 것도 쉽지 않았을 텐데….

윤정 그럼요. 근데 저희보다 사무국장님이 고생을 많이 하셨죠. 하고 싶은 건 많았는데 실제로 진행까지 된 건 사무국장님 덕분이에요. 1일 카페를 할 때도 얼음은 근처 이디야 카페에서 얻고, 커피는 원액을 사서 준비했어요. 일회용 컵, 다른 차 종류는 장을 봐서 준비하고요.

현옥 나름 재밌었겠네요.

윤정 엄청 재밌죠. 봉사 활동하면 대개는 행사 날 가서 도와주고 오잖아요. 근데 처음 기획부터, 그러니까 '이걸 왜 하는지부터' 함께 얘기를 시작해요. 끝나면 '이게 결과가 어떻게 됐나'까지 얘기하니 그 모든 경험이 저한테는 너무 좋았어요.

미경 멘토 선생님들한테 옛이야기 들을 때면 '너무 재밌었겠다' 싶어 그때처럼 활동하고픈 마음이었어요. 이렇게 직접 들으니 그때로 한번 가 보고 싶네요. 다양한 활동이 많이 가능했으니까요. 지금은 활동도 적고 저희끼리도 자주 못 만나는 게 좀 아쉬워요. 시험 기간이나 뭔가가 겹치면 못 만나니까요.

현옥 동준 씨는 우리볼 할 때 도시락 배달 말고 다른 활동도 했었나요?

동준 그때는 초창기여서 거의 도시락 배달만 했고 도시락 받으시는 어르신들 다 모시고 놀러 가기도 했어요. 그때 갯벌로 갔던 것 같은데 그게 너무 좋으셨는지 몇 년 동안 계속 거기 다녀온 얘기를 하시더라고요.

현옥 갯벌에 가려면 멀리 가야 해서 준비를 많이 했을 텐데요.

동준 그때도 사무국 선생님들이 다 해주셨어요. 공모사업으로 예산을 따오셔서 그 돈으로 갔었거든요.

현옥 그럼 사무국에서 먼저 기획을 해 프로젝트 사업으로 예산을 받아 오고 우리볼 친구들에게 '얘들아, 이런 프로그램 같이 해 볼래?' 이렇게 된 거네요.

동준 맞아요. 저희 때는 거의 초창기여서 봉사활동을 유지하는 게 우선인 상황이라 그리 많은 활동을 하진 못했던 것 같아요.

현옥 동준 씨 때가 초기였고 그 다음 점점 발전해서 윤정 씨 때 최전성기였다가 코로나 때문에 팍 꺾이고 이제 조금씩 살아나는 그런 단계인가 봐요. 지금 비타민 학생들 사이에서 뭔가 해보자는 그런 의견이 나오나요?

미경 그렇진 않아요. 전에 무슨 활동을 했는지를 알기가 어렵거든요. 들을 기회가 흔치 않으니까요. 내년엔 좀 더 만나면 좋겠어요. 어르신들도 저희가 좀 더 자주 오기를 바라시고 저도 친구들을 자주 만나면 좋겠어요.

현옥 처음 우리볼에 들어오면 교육을 한다던데 어떤 교육이에요?

미경 처음 들어오면 여기서 다 같이 '전년도에 무엇을 했고 역대 어떻게 했었는지 그리고 올해는 어떻게 할 예정이다' 이런 이야기를 우선 들어요. 어르신 댁에 갔을 때 저희가 지켜야 하는 것도 들어요.

예를 들어 어르신 댁에 가면 저희가 대화를 나누잖아요,

대화를 나눈 거는 누구한테 말하지 말고 그냥 듣고 알고만 있어야 해요. 또 중요한 거는 어르신들이랑 활동 끝나고 헤어지면서 '다음에 또 뵈어요.' 이런 말 하지 않는 거요. 왜냐하면 상황이 어떻게 될지 모르는데, 괜히 실망하실까 봐 다음을 기약하는 말은 하지 않는 거죠.

윤정 저희도 그랬지요. 다음을 기약하는 건 금지.

현옥 그러면 오히려 서운하게 생각하실 것도 같은데.

미경 그래서 다른 좋은 말로 바꿔요. 건강 잘 챙기세요, 이런 말로요.

현옥 정말 교육이 필요하겠네요. 다른 교육도 또 계속되나요?

미경 센터의 역사도 알려 주셨어요. 언제 어떻게 만들어졌는지요. 저희가 활동하는 방식을 얘기하자면 어르신들이랑 하는 모든 걸 저희끼리 먼저 다 해 봐요. 전에는 도자기 같은 거, 그러니까 지점토로 화분을 만들었는데 저희가 여기서 미리 해 봐요. '이런 점은 좀 수정하면 좋겠다' 얘기하면서요. 부채도 만들었고 다양한 걸 많이 했던 것 같아요.

현옥 보드게임 외에도 다양한 것들을 만들어 보기도 하나 봐요.

미경 네. 번갈아 가면서 해요. 보드게임도 작년에 저희가 보드게임 카페에 가서 한번 찾아 보자 해서 해 본 거예요. 단합대회 겸해서요.

혜경 학생들 교육으로 얼마 전에 노인 체험센터 갔다 왔어요.

미경 아, 맞다. 태어나서 처음 해봤어요. 다 같이 용산 노인 체험센터에 갔었어요.

혜경 용산 청파동에 노인 생애 체험센터라는 곳에 가서 체험해 보는 게 우리볼의 의무사항이에요. 동준 씨랑 윤정 씨도 했어요. 그게 원래 의무사항인데 코로나 때문에 그동안 못 하다가 올해인가, 작년인가부터 다시 시작했어요.

현옥 가서 직접 어르신들처럼 경험해 보는 거구나.

혜경 모래주머니 차는 거예요. 노인이 되면 진짜 모래주머니 찬 것처럼 몸이 이렇게 무겁게 느끼는 것을 체험하는 거죠.

미경 머리부터 발끝까지 다 해 보는 거예요. 거기서도 교육을 하는데 '어르신들이 뭐가 불편하고, 어디가 안 좋고, 이런 걸 겪어 보는 거다' 하시더라고요. 그래서 모래주머니 다 차고 등이 약간 굽어지는 거랑 안경 같은 걸 써요. 그럼 시야가 좁아지고 약간 노란색으로 보이는 건데 그렇게 하고 진짜 집처럼 만들어진 공간에 들어가요. 신발도 신어 보고 소파에도 앉아 보고 냉장고도 열어 보는데 진짜 쉽지 않더라고요. 화장실에서 화장실 전용 의자도 써 보고 침대가 편한지 바닥이 더 편한지도 다 해 봤어요.

현옥 침대가 훨씬 편하죠.

노인 체험
활동을 하는
우리볼

미경 네. 바닥은 너무 힘들더라고요.

현옥 나는 지금도 벌써 바닥 생활하는 게 힘들고 허리 굽히기도
힘들고….(다 같이 웃음)

미경 체험실 바로 옆에 노인용품 전시되었기에 한번 경험해 봤
는데 신기한 게 엄청 많았어요. 사실 처음에 체험센터 간다고
할 때는 별로 기대를 안 했어요. 가는 길이 되게 더워서 힘들
었는데, 가서 직접 체험해 보니까 확실히 달랐어요. 친구들이
다들 뜻깊었다고 하면서 다음에는 어르신들께 이렇게 해야겠
다고 얘기 나눴어요.

현옥 기특하네. 그밖에 또 다른 활동은요?

미경 그렇게 다 하고 나서, 연말쯤에 지금까지 한 것들을 정리하

206

우리볼
여름캠프

기 위해 어르신들과 다 같이 모여서 하고 싶은 말도 하고 그림도 그려서 선물로 드렸어요.

거기서 상도 주고요. 센터에서 우리가 1년 동안 활동한 걸 정리해서 책으로 만들어 주셨어요. (해마다 만든 우리볼 활동을 담은 책을 다 같이 본다.)

현옥 책을 정말 잘 만들었네요.

미경 (어떤 사진을 가리키며) 저 때 단합한다고 롤러장 가서 찍은 사진이에요. 거기서 막 넘어지고, 너무 재밌었어요. 그냥도 할 건데 여기서 애들이랑 다 같이 하니까 너무 재밌더라고요. 다른 학교 친구들도 만나고.

혜경 서너 군데 학교에서 온 애들이니까, 처음 보는 애들도 만나

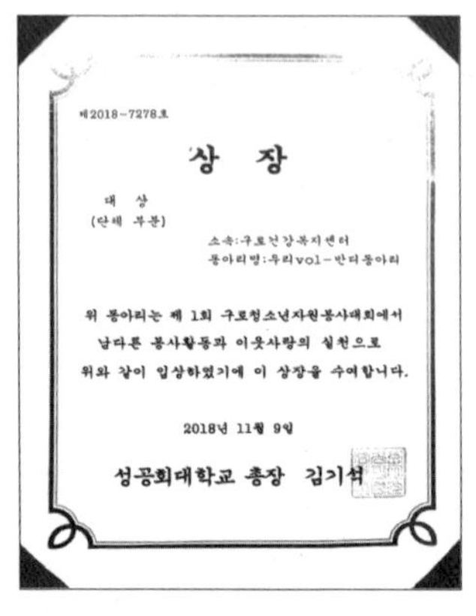

청소년자원봉사대회에서
단체 대상과 장려상을 수상한 우리볼

고요. 쑥스러워하는 애들은 참 많이 쑥스러워하더라고요.

미경 그래서 친해지는 데 시간이 오래 걸렸어요. 대화하는 데 1년 쯤 걸리죠. 왜냐면 접점 찾기가 어렵기도 하고 성별도 다르니까요. 시간이 좀 걸리긴 했는데 지금은 다 친해졌어요.

현옥 자료를 보니 우리볼이 어르신 자서전도 발간하고 상도 탔다던데요.

혜경 네. 2022년에 우리볼 학생 열 명이 어르신 다섯 분 살아오신 이야기를 잘 정리해서 자서전을 함께 만들었어요. 이 책 만들면서 어르신들과 얘기하고 놀면서 특징을 잘 보고 그림을 그려 드렸는데 아주 좋아하셨어요.

현옥 센터의 이사로 참여하면서 우리볼 활동에 대해 많이 들어

우리봄이 발간한
어르신 자서전
《어르신 기억
보관함을 열다》

왔는데 이렇게 직접 들어보니 더 감동적이에요. 선후배가 같이 만나는 자리라서 더 뜻깊은 자리가 되었네요.

모두 시간 내 주셔서 감사합니다.

혼자가 아니라 '함께'가
만고의 진리

친목 모임으로 만났던 우리네약국 약사들이 '그럼 한번 써 볼까?' 했던 객기가 여기까지 이르게 했다. 처음에는 그간 보관했던 자료와 인터넷 검색으로 쭉 엮어가면 얘기가 되겠다고 쉽게 생각했다. 그런데 막상 판을 펼쳐보니 그게 아니었다, 아무리 머리를 맞대어도 30년 너머의 세월은 50대 후반 우리 기억력을 원망하게 했다.

게다가 모두 이과생인 우리들의 글쓰기는 30년 넘은 색바랜 자료들에 숨을 불어넣기에는 역부족이었다. 그래서 내린 특단의 조치가 당시 함께 했던 분들과의 인터뷰로 우리의 기억력과 무며진 감성에 긴급 수혈하자는 처방이었다.

이 여러 차례 인터뷰들은 1년 넘는 기간 동안 진행되었다. 인터뷰를 하면서 끊어진 기억들이 이어지고 꼬리에 꼬리를 무는 당시의 열정과 에피소드들이 쏟아졌다. 공통되는 탄성은 '우리가 어떻게 그런 걸 다했지? 젊을 때니까 힘든 줄 몰랐어. 그래도 그때 함께 하는 분들이 옆에 계셨기에 재밌게 거침없이 나아갔 거 같아'였다. '그래 함께 손잡고 하다 보니 여기까지 온 거구나!'

우리볼의 인터뷰는 가장 결이 다른 느낌을 주었다. 중고등학교 시기 우리볼의 경험이 현재의 진로와 연결되었고, 자원봉사 점수가 무의미한 지금까지 끊임없이 후배들이 충전되어 20여 년의 시간을 지켜오는 중이다. 그래서 우리볼은 언제나 싱그럽고 활기차다.

우리네약국과 구로건강복지센터가 앞으로 또 어떤 길을 걸어갈지는 알지 못한다. 그러나 인터뷰를 통해 확실하게 깨달은 것은 앞으로도 혼자가 아니라 '함께'가 만고의 진리라는 것이다. 함께하면 할수록, 가능한 일과 하고 싶은 일이 많아진다는 걸 우린 지난 시간을 돌아보면서 깨달았다.

꺼진 불도 쓸모를 찾아내고, 고양이 손이라도 빌려야 할 정도로 센터의 활동이 창조적이고 풍성해질 것을 기대하고 희망한다. 센터가 서로를 돌보는, 돌봄이 흐르는 구로동을, 우리 사회를 만드는 데 작은 겨자씨가 되면 좋겠다.

건강의집이 우리네약국을 만들었을 때도 60여 명의 후원자들이 함께 마음을 모아주어 출발이 가능했듯 구로건강복지센터의 미래도 함께 나누고 돌보는 마음으로 지금처럼 쭉 가면 되지 않을까?

현재는 '과거'가 차곡차곡 쌓여 생겼고, 미래는 하루하루 쌓여가는 '현재'가 만든다는 말을 다시 새겨본다.

다시 한번 인터뷰에 응해주신 모든 분들께 감사드리며 우리네 약국 35살도 함께 축하드린다.

부록

지나온 시간들

우리네약국

연도	활동 내용
1990	- 약국설립준비위원회 구성(8.26, 건강의집 정기총회) - 구로 지역보건의료모임 준비
1991	- 일요진료(월 1회) 시작(3.15) - 약국설립을 위한 일일찻집(3.23), '우리네약국' 이름 선정 - 관악지역 노조협의회 진료(5월) - 3동 우리네약국 개국(5.25, 약국장 김진숙) - 구로3동 성당 노동사목 수강생 대상 건강교육(9월) - 온누리놀이방 학부모 양한방진료(12월) - 경견완증후군 실태조사
1992	- 탁아소 희망의집 자모 한방진료(1월) - 꾸러기 학부모회 대상 여성암 조기발견 및 조기치료 교육(4월) - 장기파업사업장 대한광학 파업 진료(4월) - 박혜경 약사 근무(10월)
1993	- 주민건강수첩(무료투약권) 발부 - 강기옥 약사 근무(2월) - 1기 수지침 교실(노조활동 지원단체 노민문연 수강생 대상 9명, 5-6월) - 2기 수지침 교실(구로3동/가리봉1동 주민 대상 27명, 10-11월) - 탁아소 학부모회 대상 어린이 응급처치 및 여성암 조기 발견과 치료 교육 - 지역단체 열린누리, 지역노조 중원전자 대상 성교육
1994	- 3기 수지침 교실(구로3동/가리봉1동 주민 대상 10명, 4월-5월) - 정애랑 약사 근무(10월) - 본동 우리네약국 개국(12.12, 약국장 박혜경) - 탁아소 대상 어린이 응급처치법 교육 - 노조 대상 직업병과 성교육 - 두레방도서실 대상 직장인의 스트레스 교육

1995	- 건강상담 전화 개설
	- 건강자료 및 서적 배포 대여
	- 김현옥 약사 근무(3월)
	- 《우리네건강세상》 제1호 발간(4.10, 격월 발행)
	- 4기 수지침 교실(여성복지회관 직장인 야간대학 학생 대상)
	- 5기 수지침 교실
	- 섬돌야학 건강교육 3회
	- 좋은이웃들
	①구로 지역주거환경개선을 위한 공청회 개최
	②구로3동 경로잔치 개최
	③봄나물 캐기
	④밤따기 행사
	⑤불우아동과 무의탁 노인 돕기 일일주점
	- 구로지역 보건의료모임, 구의원과 간담회
	- 본동 약국 1주년 기념식
1996	- 북한 수재민 돕기 쌀 모으기
	- 본동약국 2주년 주민 간담회
	- 우리네 건강 교실 시작 (3월-)
	①쉽게 배우는 당뇨 교실(3회)
	②고혈압 교실(2회)
	③함께 배우는 성교육(낙태, 인간적인 피임법)
	④약물 오남용 교육
	⑤당뇨, 고혈압 비디오 상영
	- 좋은이웃들
	①봄나물 캐기
	②밤따기 행사
	③단오맞이 주민큰잔치
	④불우아동과 무의탁 노인을 돕기 일일주점
	- 구로 지역 의료보험 연대회의(지역의료보험 인상반대, 보조금확대 설명회)
1997	- 정애랑 약사, '주민과 함께 하는 건강공동체'와 호주 답사
	- 매월 말 우리네 건강 교실 (유소아질환, 임산부, 갱년기, 고혈압 등 4회)
	- 구로초등학교 6학년 대상 성교육
	- 새꿈나무 어린이집 학부모회 대상 여성질환 건강교육
	- 좋은이웃들
	①단오잔치
	②밤따기 행사
	- 구의회 방청

1998	- 8기 수지침 교실(3.19, 15명) - 우리네 건강 교실(3.27, 유소아질환의 건강관리) - 3동 우리네약국, 인근 신축 건물로 확장 이전(3.30) - 창립 7주년 기념행사(건강교육, 뜸요법, 길놀이와 고사) - 소년소녀가장, 무의탁 노인, 장애인 대상 무료 투약권 발부 - 만성질환 건강교육 신청 시 개별교육 진행 - 약국 홈페이지 오픈 - 좋은이웃들 　①브니엘의집 돕기 하루찻집 　②봄나물 캐기 　③밤따기 행사 - 파랑새나눔터 모임 　①아동과 식당 연결, 주말 무료급식 시작 　②겨울학교(98년 12월-99년 1월, 80명) 　③구로지역 청소년문제에 대한 토론회(구로연구모임/구로지역 복지 기관협의회 공동 주최)
1999	- 김현옥 약사, 의약분업 대비 일본약국 시찰 - 가정 구급함, 약 정리 교육 - 9기 수지침 교실(2월, 14명) - 수지침 후속 모임(뜸요법, 부항요법, 유소아질환 관리법, 갱년기질환) - 우리네 건강 교실(4월, 유소아질환) - 좋은이웃들 　①봄나물 캐기 　②브니엘의 집 후원 일일주점 　③밤따기 행사 - 파랑새나눔터 모임 　①방과후 활동 　②주말급식 - 본동 우리네약국 폐업(12.30)
2000	- 구로건강복지센터 창립(2.26) - 파랑새나눔터 모임 　①기금 마련 1일 주점 　②주말급식 - 이소회 약사 근무(9월) - 10기 수지침 교실
2011	- 우리네약국 확장
2016	- 약국장 변경(박혜경 → 이소회)

구로건강복지센터

연도	활동 내용
2000	- 구로건강복지센터 창립(2.26) - 김미영 사무국장(2000년 1월-2003년 1월) - 건강체조, 직장인/임산부 요가, 당뇨와 고혈압, 유소아 질환관리, 발 마사지 교육 - 독거노인 조사사업과 요보호가정(30곳) 결연사업(+구로시민센터) - 독거노인 건강지원사업(+성공회 영등포푸드뱅크) - 요보호아동 건강지원사업(+구로 어린이건강지원단, 128명 검진)
2001	- 곽은정 사무국장 - 요보호아동 정신건강 지원사업 - 국민기초생활보장법 관련 의료급여 상담 - 구로장애인주말치과진료소 1차 시범사업(6-8월, 69명) - 요보호아동 건강지원사업(+구로어린이건강지원단, 195명 검진) - 가난한 이들의 건강권 확보를 위한 연대회의 참여
2002	- 임선영 사무국장 - 구로장애인주말치과진료소 2차 시범사업(2002년 11월-2003년 1월, 45명) - 독거노인 방문보건사업(+고병수 이사)
2003	- 서윤미 사무국장(2003년 12월-2008년 12월) - 가족지원상담실 개소(10월) - 구로장애인주말치과진료소 개소 (2003년 3월-2011년 3월)(+한화무역 자봉 '샘' 이동지원)
2004	- 심수현 가족지원상담실장 - 사단법인 설립(6.30) - 청소년자원봉사 우리Vol 결성(어르신 도시락 배달, 말벗 활동) - 소액의료비 지원을 위한 '사랑의씨앗' 저금통 사업(-2012년) - 구로장애인주말치과진료소 방문진료 시작(2004년 4월-2009년)
2005	- 창립 5주년 후원 행사(나눔하나, 사랑둘) - 제1회 시민상담교실 - 볕바라기 주간보호센터 발달장애아동과 나들이 행사
2006	- 또래상담자 양성프로그램 진행 - 제2회 시민상담교실 - 부모훈련(6회기) - 보건예산 모니터링 - 지역보건의료계획 모니터링 - 지역복지운동단체 네트워크 참여

2007	- 상담자원봉사 '마음사랑' 결성(-2012년 1-3기) - 상담자원봉사학교(6회기) - 구로어린이큰잔치에서 상담(274명)
2008	- 희망의 공간 마련을 위한 5000장 벽돌쌓기 모금 - 구로어린이큰잔치에서 상담(500명)
2009	- 이해령 사무국장(2009년 2월-2013년 8월)
2010	- '구로구 차상위계층 국민건강보험료 지원조례 시행규칙' 대상 범위 확대를 위한 활동(건강보험 체납자 대책)
2011	- 구로장애인주말치과진료소 해단식(3.26, 구로구 보건소로 이관)
2012	- 가족지원상담센터 '마음숲' 개소(-2012) - 구로구청소년상담복지센터 재원 마련 후원의날 행사 - 구로구청소년상담복지센터 위탁(2012년 7월-2023년 5월) - 심수현 청소년상담복지센터장(2012년 7월-2023년 5월)
2013	- 의료생협을 좋아하는 사람들 모임 참석(의료인 부재로 정리)
2014	- 박지선 사무국장 - 주민자원봉사 나눔수라간 독거노인 반찬 지원사업
2015	- 우리볼 졸업생 모임, '우리졸' 결성
2017	- 서해순 사무국장 - 청소년자원봉사 '우리Vol 비타민동아리' 결성 - 구로구청소년상담복지센터 2차 위탁 - 마을건강지킴이 청년코디네이터 사업
2018	- 청소년자원봉사 '우리볼 반디 동아리' 결성 - 제1회 구로구청소년 자원봉사대회 대상 및 우수상 수상
2020	- 고유한 사무국장, 이은실 재가복지센터장 - 구로구청소년상담복지센터 3차 위탁
2021	- 구로우리네재가복지센터 개소(4.22) - 청년네트워크 '우리' 결성(멘토 활동, 청년 건강소모임) - 구로구청소년상담복지센터 여성가족부 장관상 수상
2022	- 윤인화 사무국장 - 성인자원활동가 모임 '우리네사랑방' 결성 - 우리볼 비타민 《청소년, 어르신의 기억 보관함을 열다》 책 발간

2023	- 함께돌봄사업 '마음돌봄UP' '북적북적' 결성 - 우리볼 비타민, KB라이프생명사회공헌재단 제25회 전국 중고생 자원봉사대회 장려상 수상 - 구로구청소년상담복지센터 위탁 완료 - 우리네사랑방 '독거 어르신 정서 지원사업' 1차 진행
2024	- 황근애 사무국장 - 구로우리네재가복지센터 3년 평가 - 우리네사랑방 '독거 어르신 정서 지원사업' 진행 - 우리볼 비타민 어르신 정서 지원활동 진행
2025	- 홍보사업단 '홍보서포터즈' 결성 - 우리네사랑방 '독거 어르신 정서 지원사업' 매월 진행 - 우리볼 비타민 어르신 정서 지원활동 발표회

마을 품은 약국

_우리네약국 35년 이야기

초판 1쇄 펴낸날 2026년 4월 25일

지은이 강기옥, 김진숙, 김현옥, 박혜경, 이소희, 정애랑

기획 우리네약국, 구로건강복지센터

만든이 백재중 조원경 박재원 김상훈

펴낸이 이보라

펴낸곳 건강미디어협동조합

등록 2014년 3월 7일 제2014-23호

주소 서울시 중랑구 사가정로49길 53

전화 010-2442-7617 팩스 02-6974-1026

이메일 healthmediacoop@gmail.com

ISBN 979-11-87387-50-3 03330

값 15,000원